JN015170

ANGEL NUMBERS

by

Kyle Gray

はじめに

　天使は存在します。

　すでにご存じのことだとは思いますが、あえてこの言葉から始めましょう。この数千年の間、聖なる存在はずっと、地上で生きる人々に自分たちの存在を知らしめてきました。

　世界で「時」が刻み始められて以来、世界中の人々が、この世と異次元をつなぐ聖なる存在が、日々の仕事や人生の困難の手助けをし、スピリチュアルな領域に戻る準備ができた魂を助けていると信じてきました。

　アボリジニは洞窟の壁に、聖なる存在の姿として、光り輝く顔、大きな目、頭部に後光を描きました。日本の神道では「神」として知られ、気高く慈悲深い存在です。神はまるで羽が生えているように空から降りてきて、神を呼び招いた人々を自然を操る力で助けるとされています。チベット仏教にも菩薩と呼ばれる同様の存在があり、人々が苦しみを乗り越え、大きな恐怖から逃れることができるように助け続ける純粋な慈悲の心を持つとされて

います。ニューヨークにあるコロンビア大学のインド・チベット仏教学教授ロバート・サーマンは、菩薩を仏教における大天使のような存在であると述べています。

　ほとんどのスピリチュアルや宗教で、姿は異なっていても、似たような光と愛の存在が伝統的に語り継がれてきました。インドでは動物の顔、鳥の羽、人の身体を持った神々がいると考えられています。ヘブライ語聖書（ユダヤ教の聖書正典）には、預言者エゼキエルがどのように子供や牛、ライオン、鷲の顔をした天使のビジョンを得たかが語られ、のちにこのような天使の存在は「火の玉」「燃え盛るもの」などと描写され、現在ではオーブと呼ばれています（当時は電気の光がなかったので、おそらく光るものといえば火と考えられていたのでしょう）。

　天使は世界中で、その時代ごとに当時の人々の知識、経験、理解、信念に応じた形で現れてきたようです。そして、そうした存在を示す確固たる科学的な証拠はありませんが、原始社会の研究では、遠い場所とのコミュニケーションがとれるようになる前から人々が、別の次元からの聖なるメッセージを届ける存在を信じてきたことがうかがえます。

今日、人々はより強く天使の存在を信じるようになりました。2016年に2000人のイギリス人を対象に行われた調査では、3分の1の人が天使の存在を信じ、10人に1人が天使と遭遇したことがあると信じているとの結果が出ています。また、アメリカにおいても10人のうち8人が天使の存在を信じているという調査結果が得られました。なんと素敵なことでしょう。

たくさんの人が今、天からのサインやメッセージとしか思えない内容を受け取っているのは、そうした存在が私たちに、自分たちがここにいることを知ってほしいからなのです。

それらのメッセージの中には、数字を通じて伝えられるものもあります。数千年もの間、数字は幸運を示すしるしとされ、宇宙を理解するためのツールだとされてきました。古代ギリシャの哲学者ピタゴラスは、数字には音に対応する固有の波動があると信じていました。彼は人々の名前を数字に変換し、誕生日と誕生地だけで人の性格や外見を予想できるシステム、数秘術をつくり出したのです。

一方、現代の数秘術では、人の名前を数に置き換えて

「運命数」とし、誕生日は自分がこれから進む道を示すものとしています。人々はこれにより、自分が果たすべき目的が何かを感じとるかもしれませんし、自分の性格にはなぜこういう傾向があるのか、あるいはこの先どんな困難に立ち向かうことになるのか……などが予想できるといわれます。

　のちに述べる「エンジェル・ナンバー」と「キー・コーデックス」は、ピタゴラスの数秘術と似たような部分があるかもしれません。本書に出てくるエンジェル・ナンバーは計算によるものではなく、聖なる直観やチャネリングによるものです。

　本書によって、あなたは自分の魂が求めるスピリチュアルな視点を広げるとともに、天使があなたの人生の旅をどれだけ手助けしようとしているのかに気づけるでしょう。さらに、数秘術とエンジェル・ナンバーを組み合わせていくこともできます。

　この16年間スピリチュアルを研究し続けている人によると、数字の意味を深く追究するために莫大な時間を割いているそうです。私の場合、タロットと西洋の神秘的伝承を長く研究してきたので、本書の解説にもそれが

影響しています。私は本書の執筆中、瞑想に多くの時間を割き、天使にメッセージの意味を明かしてもらったり、ある数字の持つ波動の価値について教えてもらったりしました。そうした天使の助けによって、ここにこうして本が出来上がったのです。

　現代の宇宙に対する理解と、地球がどのようにその歴史を刻んできたのかが数学的計算でなされていることを考えると、宇宙最大のメッセンジャーである天使が私たちに、天から数字でメッセージを送るのは当たり前のことと言えるでしょう。

　例えば、日々繰り返し目にする、自動車のナンバープレート、買い物のレシートにある数字、また飛行機のフライトナンバーや電話番号など、これらの数字の羅列は単なる数字ではなく、天使から伝わってくるメッセージです。数字によって天使が伝えてくれるメッセージは、私たち自身の行動を促すものです。

　デジタル時代に生きる私たちには、目にする数字は単なる数字ではありません。デジタル時計などで目にする数字は、天使が示してくれているメッセージなのです。

11：11 という数字

　どこを見ても 11：11 という数字を目にする自分に気づいたのは、10 代の頃でした。私が携帯電話などを見たときに目にする時間の表示などに何度も何度もその数字が出てくるのです。はじめのうち、私は自分がおかしくなったのか、それともただの思い込みなのか、あるいは無意識のうちにいつも同じ時間に携帯電話の時間を見ているのかなどと考えました。

　けれども次に起こったことは決定的でした。私が母や数人の友人にそのことを話すと、今度は彼らにも同じことが起こり始めたのです。

　また、私自身は 11：11 だけでなく、他の同じ数字の連続も見かけるようになり、それは携帯電話にとどまらなくなりました。買い物に行くと、金額は 11 ドル 11 セント、コーヒーとケーキを注文すると 4 ドル 44 セント、といったように。どこに行っても繰り返し同じようなことが起こるようになったのです。

　スピリチュアルなことを学び始めたばかりの当時の私は、ゆっくり時間をとって祈り、一体何が起こっているのかを天使に尋ねました。

「天使よ、もしこのような数字を私に送っているのであれば、今日はその数字を3回見せてください。そうすれば、私に何か伝えたいことがあるとわかりますから」

　すると、その数字が目の前に現れ続け、そこでようやく私は天使が私にメッセージを送っていることを確信しました。

　でも、天使は何を伝えているのだろう？　私にはさっぱりわかりませんでした。「11:11」の意味をインターネットで検索して調べ、何種類もの解釈を読んでみました。

　その多くは、この数字が意味するのは「願い事をしなさい」「意志を決めなさい」というメッセージだというもので、「天使があなたの波動を最も高いレベルに一致させてほしいと思っている」と解釈したものもありました。

　明快な答えが見つからないとき、私は瞑想をすることにしています。そこで、このときも瞑想を行いました。

　瞑想中、私は「天使よ、11：11を目にすることで私が知るべきことを示してくれてありがとうございます」などと呼びかけた覚えがあります。

　すると心の中に、たくさんの画像や風景がまるで映画の一場面のように入り込んできました。その映像の中に

は、キリスト、ブッダがおり、「私たちはひとつ」という言葉が聞こえてきました。その後、イスラム教の人々がメッカに向かって祈りを捧げているのが見えたかと思うと、「私たちはひとつ」という言葉が再び聞こえてきました。私は以前、ボブ・マーリーが「ワン・ラブ」と歌っているのを見て「ひとつ」を感じたことがあったのを思い出しました。私たちは天使やアセンデッド・マスター（天界にいる高貴な魂を持つ人々）、さらには神とも「ひとつ」なのだ、などと感じました。

　つまり11：11という数字は時代を超えて、繰り返し私たちに送られてきたメッセージなのです。それは、私たちはみなつながっているということを思い出させる数字だったのです。

　私たちは宇宙をつくり、開拓してきたエネルギーと互いにつながっています。

　けれども私にとって、この繰り返し目にする数字の意味は単に「自分がすべての存在の一部なのだ」ということだけではなく、それを行動で示しなさいというメッセージなのだと受け取りました。まるで、宇宙か神かが（私にとってはこの２つは同じです）、自分の中にある宇宙の

光を十分に思い出しましょうと誘っているようだと思っ
たのです。

　キリストは「天の国はあなたの中にある」と言ってい
ます。だから、もし宇宙のパワーと光が自分の中にある
のなら、私たちが日々選ぶものが、宇宙のエネルギーに
影響を与えていることになります。

　11：11という数字は、私たち自身と、その意志、そし
て行動を最も高いレベルに合わせなさいということなの
です。これこそライトワーカー、地上の天使であるとい
うことです。

天使はいつも答えを持っている

　天使は答えを授けてくれます。

　しかも、いつでも授けてくれるのです。そして私たち
の中に宇宙のパワーがあるのと同様、天使のパワーも私
たちの中に存在しています。

　私は、私たち一人ひとりに少なくとも2人の天使がつ
ねに周りで働いてくれていると信じています。人生を通
じてつねにともにいてくれる守護天使と、人生の局面ご
とにそれに応じた天使がついてくれています。私たちが

どこにいても、天使は私たちのためにそばにいて、喜んで私たちを支え、導いてくれます。

　天使はつねに聖なる規則に従って行動することになっていますが、私たちの承諾がなければ手助けすることができません。

　天使が私たちの許可なく介入できるのは、いわゆる「聖なる瞬間」と呼ばれるときだけです。その瞬間とは基本的に、私たちが自分自身の高いレベルの善と真実からそれた場合と、命を授かった際に与えられたミッションを果たしていないとき、生死を決める瞬間などです。天使はそうした瞬間に、私たちの尊厳を守るために助けてくれます。

　私たちは天使から助けてもらうために特別なことをする必要はありません。私たちが導きを求めて祈れば、天使は答えてくれるでしょう。ただ私たちの耳には聞こえていないだけなのです。

　私は、これは長い間、私たちが天使の声に耳を傾けず、自分の内から湧き上がってくる導きを無視してきてしまったからだと考えています。簡単に言えば、天使の声は私たちが聞きたいと思えば思うほど聞こえてきます。

あるいは、見たいと願えば願うほど見えるものなのです。だから今、天使は私たちにメッセージを送るために、デジタルの数字を通してみずからの存在を知らせているのです。

　私は、11：11 と 22：22 の数字に頻繁に出合うようになったことで、連続した数の列について『ライズ・ユア・バイブレーション』を執筆しました。そして、連続した数の列を受け取る意味やテーマをもっと深く理解したいと願い、天使に許可を得て本書を執筆することになりました。皆さんは、数字を通じて天使が伝えようとしているのは何かに気づき、あなたが投げかけた疑問や祈りに対する答えを理解できるようになるでしょう。

本書の使い方

ガイドとして使う場合

　本書ではまず、パソコンや携帯電話のデジタル時計に表示される連続した数字のメッセージについて紹介し、その後、0から999までの数字の解釈を述べています。

　もし本書に、あなたが目にした数字の羅列がない場合、それらの数字をいくつかに分割して、それぞれの数字に対する天使からのメッセージを読んでから総合的に解釈してみてください。

　例えば、67891という数字をたびたび目にするのなら、67と89と1のメッセージを読んで、それらをひとつにまとめたメッセージを受け取るようにすればよいと思います。その場合の数字のメッセージは次の通りです。

67

エネルギーの流れに向けられているあなたの意識は、日常の助けとなります。自分の思考が成長できる方向へ向けられているかどうか確かめましょう。

89

あなたは本当の自分にふれたところです。本当の自分をもっと大事にしていくことが大切です。

1

あなたの中にある生命力に意識を向けてください。

なんと元気づけられるメッセージでしょう。

このように、数字を通じたメッセージで、皆さんが勇

気づけられることを望んでいます。読み進めていくと、それぞれ一見異なるメッセージに思えるかもしれませんが、実は多くは互いに似通っています。それは、同じ人生という旅をさまざまな側面から表しているからです。

あなたは人生という旅を続けながら、異なる数字との出合いを経験するでしょう。例えば３３２という数字を目にしたかと思えば、次に３３４に出合うことがあるかもしれません。３３２は「あなたの人間関係が、満足のいくものになる時期に入ります」と告げ、３３４は「あなたのガイドと天使が、聖なる愛と守護を与えながら、あなたの周りを飛び回っています」と伝えています。ですからこれら２つの数字は、あなたに幸せへの旅が前進していることを示していると考えられます。

あなたはまた、「キー・コーデックス」を用いて自分の人生で出合う数字に独自の解釈をすることができるようになるかもしれません。

例えば、１２３という数字を繰り返し目にすることがあるならば、これはあなたが愛の波動で、自分の旅をたどりながら成長しています、というメッセージです。目にする数字の羅列を自分自身で解釈してみましょう。

Angel Numbers
エンジェル・ナンバー・キー・コーデックス
Key Codex

0	新しい始まり　扉が開いている　神
1	自分　ワンネス（ひとつであること） ハイヤー・セルフ（より高い次元の自分） 世界中とのつながり
2	融合　他人との関係　愛で調和する
3	広がり　より高い次元の力　マスター
4	天使　コミュニケーション　才能の広がり
5	変化　努力　行動とインプットの必要性
6	バランス　意図を明確にすること　注意深く
7	魔法　マニフェスト（言葉にすること） 聖なる直観
8	旅　成長　精神的な教訓
9	自分で学ぶ　ハイヤー・セルフとの融合 聖なる女性性

オラクル（神託）として

　本書は、オラクルとしても使えます。導きや助けが必要なとき、天使の声を聞くことができます。

　必要なのは瞑想と熟考です。深呼吸をして、次の簡単な祈りを落ち着いて唱えましょう。

> 神さま、聖霊、天使に、この本を通じて数字による
> 大切なメッセージを明かしてくださることに感謝します。

　ランダムに本を開いて、最初に目にした数字（ナンバー）が、あなたに必要なメッセージです。

　さあ、やってみましょう。それとも時計を見てみますか？　数字を見たら、本書を読み進めてください。

時計のメッセージ

　デジタルの時計やその他どこででもよく目にする数字
が示すメッセージを、ここに記します。
　時計以外のもので見た数字が伝える天使のメッセージ
を知りたければ、キー・コーデックスを参照してください。

繰り返しの数字が示す時間の意味

　時計に示されている数字が繰り返されるのを目にした
ら、天使が大きな声であなたの注意を引こうとしている
と思ってください。これらの数字はあなたのエネルギー
の波動を表し、あなたの人生という旅がどう進んでいる
かを示しています。

二重に重なる数字

神はあなたとともにあり、あなたが一歩成長する手助
けをしています。

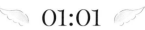

01:01

神があなたとともにあり、あなたが安心していられる
よう、支えられていると感じられるよう、意志を貫く
ために耐えられるよう、助けてくれています。

02:02

あなたは神と天使によって、あなたを助けようとして
周りを取り囲んでいるエネルギーに心を開き、それを
受け取るように導かれています。

03:03

神とアセンデッド・マスター（天界にいる高貴な魂を持つ
人々）が、あなたの魂へのより深い理解やあなたの人
生の可能性が広がるように導き助けてくれています。

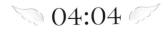 04:04

神と天使が、あなたの真実、才能、自分自身の存在を
世界中に広める手助けをしています。

 05:05

神はあなたの物質的、経済的に必要なものすべてを満
たす手助けをしています。求めれば、与えられます。

06:06

神と天使が、あなたの日々がバランスのとれた状態と
なり、エネルギーが回復する時間がとれるよう助けて
くれています。

07:07

あなたにふさわしい経験が日々訪れるよう、神が天使
と守護天使の魔法であなたを包んでいます。

08:08

天は聖なる計画にあなたの波動を一致させようとしています。聖なる計画には、あなたの魂の成長に必要なものと、あなた自身の意志とがくみ取られています。

09:09

神は、あなたのもっと深いところに傷つきやすい部分があることを明らかにしています。このことで、あなたは魔法と光に心を開くことができるようになっていくでしょう！

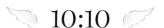

10:10

あなたは何らかの奇跡のようなことが起こる手前にいます。神と天使がひとつとなって、今あなたのそばにいてくれると信じましょう。

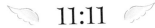

11:11

あなたは神、天使、アセンデッド・マスター（天界に
いる高貴な魂を持つ人々）とともにあり、世界に真の愛
をもたらすために、あなたの思考を最高位の女神と真
実に調和させましょう。

12:12

あなたには癒しと光を世界にもたらす力があります。
あなたの意志や行動によって、それはすでに進行中で
あることに気づいてください。

13:13

教えることは学ぶことです。あなたの今いる場所で、
あなたはたくさんの重要な学びを得ています。自分が
感じた癒しを記録しておきましょう。同じことが他の
人の癒しにもなるからです。

14:14

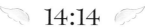

あなたの天使は、この時期、最強の力添えをあなたに
与えています。あなたが忘れ去ってしまった本来持っ
ている才能を思い出し、過去に経験し、落胆してしまっ
たことを再び思い出して乗り越えられるよう助けてい
ます。

15:15

この時期、あなたが起こしている変化は、あなたの成
長に必要なことです。あなたがつくり出している余裕
は、豊かさを生み出すための余地となります。

16:16

時間をとって、自分のバランスを取り戻しましょう。
前進する速度を落として、次へと進む前に自分の意図
を確認しましょう。

17:17

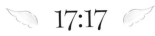

あなたは魔法使いです。これまで悩まされてきた懸念材料や障害は今、消え去り、ドラマのような夢を実現する時がやってきました。

18:18

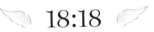

あなたは人生を変えるような旅に出発しました。旅に出ればポジティブなことが起こり、経験をより豊かにしてくれます。そのプロセスを信じましょう。

19:19

あなたの内と外から放たれているエネルギーを、聖なる女性のエネルギーとつなげるよう促されています。母なる女性の癒しを、この時期、施せるようになります。

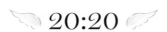

20:20

人とのつながりが強くなる機会が訪れます。私的なつきあいでも仕事上のつきあいでも、相手との間に許しと共感のエネルギーが生まれ、そのエネルギーに囲まれます。

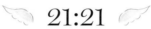

21:21

他人のことも自分と同じように思ってください。あなたは世界とともにあり、他人を思うあなたの気持ちは自分のためにもなります。あなたの思考をアップグレードしましょう。

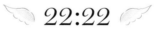

22:22

あなたには世界を明るくするような力と才能があります。最善の状態に注目しましょう。あなたは輝くために生まれてきたのです。

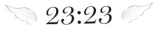

23:23

あなたが成長して世界にポジティブな力をもたらそうと集中してきたことが報われました。天使は、あなたが地上の天使だということに気づいてほしいと願っています。

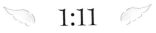

3連続の数字

1:11

この時期、あなたの思考と意図は現実化します。恐れていることではなく、大事にしていることに集中しましょう。

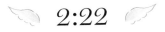

2:22

あなたに与えられた才能が開花し、広がりを見せようとしています。自分の目的を果たすために与えられたチャンスを受け入れましょう。

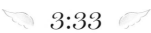

3:33

先人がスピリチュアルな師としてあなたを導いています。これらアセンデッド・マスター（天界にいる高貴な魂を持つ人々）が、あなたの才能を伸ばす手助けをしています。

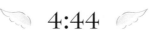

4:44

あなたの守護天使は、自分たちがそばにいることをあなたに知ってほしいと思っています。あなたの祈りは確実に聞き入れられ、成し遂げられると信じましょう。

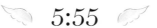

5:55

あなたが続けてきたすべての努力は今、報われます。宇宙とあなたの天使は、豊かな日々をつくりあげながら生きていけるようにあなたを助けてくれています。

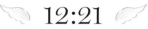

12:21

他人を導き、手助けできる状態にあります。「ライトワーカー（地上の人々を助ける仕事をする人）としての人生」という旅で燃え尽きてしまったり、自分のケアを忘れたりしないようにしましょう。

13:31

あなたが学び、成長できるチャンスを今一度見出せるように、あなたの現状を見直しましょう。

 # 14:41

あなたの天使が話しかけているのに、あなたは聞いていません。天使からのメッセージはつねに最善である、と知ることが大事です。たとえ、あなたの現在の計画通りではなくとも、神の計画通りであることを忘れないようにしてください。

15:51

天使があなたに「強くあれ、勇気を持て」と伝えています。自分の目標と豊かさを手に入れるために何に挑戦するべきかをしっかり考えましょう。

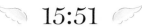

連続して進む数字

連続して増えていく数字は、正しい流れが上昇していることを示すものです。あなたがこのような数字を目にするとき、天使は、「あなたは上昇し、あなたの道を前進している」と知らせています。最終的に彼らは、あなたの波動が上がり、上昇への旅立ちに向かうところを見ています。

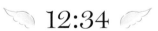

12:34

スピリチュアルな世界への階段を上っています。あなたの天使は、あなたの本当の意図を知ったうえであなたを成長させようとしています。自分が励まされ、支えられているということを意識しましょう。

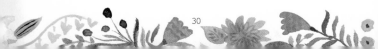

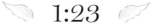

1:23

あなたは新たな一歩を踏み出しました。これまで経験
してきたどんな苦労もすべて消え去りました。上昇の
天使はあなたとともにあります。

 # 2:34

私生活における人間関係が今、充実しています。あな
たはこれまでになく、誰かを愛し、愛される機会を与
えられています。あなたの天使があなたの周りで踊っ
ています。

 # 3:45

アセンデッド・マスター（天界にいる高貴な魂を持つ人々）
はあなたとともにあり、あなたの求めた助けへの導き
がスピリチュアルなつながりを強くします。自分が今、
感じていることを信じましょう。それがあなたの祈り
への答えです。

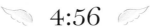

4:56

天使は、あなたがスピリチュアルな成長を遂げている
ことを喜んでいると、あなたに知ってほしいと伝えて
います。自分のエネルギーが上がり、広がったことを
感じましょう。

エンジェル・ナンバー

0

神はあなたのそばにいます。あなたはひとりではあり
ません。

1

あなたの中にある生命力に意識を向けてください。

2

再会や人とつながる機会がある時です。人間関係の成
長がまもなく始まります。

3

あなたは成長し続ける道の途中にいます。その道筋は
適切な時が来るまで、隠されて見えません。

4

あなたにとっての真実を自分の師としましょう。自分の感覚すべてを信頼し、楽しいと思うことに従って進んでください。

5

豊かさとは心の状態によるものです。あなたが精神的に豊かだと感じれば、それが物質世界にも反映されます。

6

あなたが楽しいと思えることをさえぎる障害を取り去る時間をつくりましょう。あなたの心が躍るようなことに身をまかせましょう。

7

魔法のエネルギーがあなたを包んでいます。あなたの思考を最も高い次元のレベルと一致させましょう。

8

あなたが教訓を学ぶまで、あるパターンが周期的に繰り返されます。自分を振り返る時間を持ちましょう。

9

聖なるエネルギーがあなたの中で目覚めようとしています。魂のおもむくままにまかせてみましょう。

10

あなたのエネルギーが、神のそれとあなたの中で融合します。聖なるものとつながったときに目にしたサインを信じましょう。

11

あなたはこれまでになく成長し、本当の自分がわかるようになります。自分が神殿で生まれたことを思い出しましょう。

12

人間関係は、課題のようなものです。真の友や仲間、
ソウルメイトとの関係への理解を深める時です。

13

今はまだ見えない自分の道筋は、成長するべく続いて
いて、自分は成長できるのだと信じて進みましょう。

14

天使があなたとともにしばらく時間を過ごそうと、す
ぐそばにいます。天使はあなたが耳を傾ける気になれ
ばなるほど、大きな声で聞こえるように話しかけてく
れることを忘れないでください。

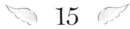

15

あなたの思考が変わると、人生も変わります。自分を
やる気にさせるような思考を意識して、そのエネル

ギーと調和しましょう。

16

あなたが選択するものの格を上げて、自分の喜びや目的が果たせる経験ができるよう一歩を踏み出しましょう。さあ、前進しましょう!

17

ひとつの扉が閉まったら、別の扉が開きます。天使がそばにいて、あなたがポジティブな思考を巡らせることができるよう導いています。

18

あなたの天使は、今のあなた自身の立場や学ぶべきことがわかるように、過去の出来事を振り返るよう促しています。

19

自分の力を誇示しても大丈夫です。現在の物事の流れ
の中で指導的な立場をとるよう、天から導かれている
からです。

20

天使は、あなたが成長と発展に向けて踏み出したこと
を祝っています。あなたは自分の魂とより深くつなが
ります。

21

あなたと宇宙のつながりは強固です。あなたはひらめ
きにあふれて導かれています。心を開いてそれに気づ
きましょう。

22

自分が成長できるような、周囲の人とのつきあい方を

学んで、スピリチュアルな課題を乗り越えることのできる大事な時です。

23

あなたはアセンデッド・マスター（天界にいる高貴な魂を持つ人々）に導かれています。あなたが今進んでいる道筋は、現状では最善だと信じてください。

24

天使があなたやあなたの個人的な人間関係に光を当てています。どんなもめごとも、まもなく解決するでしょう。

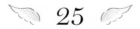

25

あなたの天使は、あなたが懸命に頑張った苦労が報われる時が来たことを信じてほしいと思っています。まもなく苦労が成果となって表れるでしょう。

26

あなたをやる気にさせてくれるような人に囲まれているかどうかが重要です。自分の存在を小さく感じてしまうような人とは少し距離を置いてみましょう。

27

あなたの祈りが届いたサインが出ています。神の計画は隠されているということを信じましょう。

28

天使が「あなたのやり遂げたことは世界の光となっている、よく頑張った」と告げています。あなたは恐怖とよく向き合いましたね。

29

あなたは力のある女神と聖なる母のエネルギーに包まれています。あなたは愛と慈悲の気持ちに囲まれてい

41

ます。

30

あなたが今ここにいることには意味があります。あな
たの幸せは、あなたが世界の役に立つことだと意識し
ましょう。

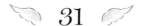

31

あなたの祈りと意志に応えて、聖人とマスターが今、
あなたのとても近くでともに働いています。彼らが最
善を尽くしていることを意識してください。

32

あなたの、自分自身や他の人たちとの関係は天使やガ
イドに導かれています。必要なときにはいつでも彼ら
を呼び出して助けてもらいましょう。いくら助けても
らっても、助けてもらいすぎるということはありませ
ん。

33

キリストと天使があなたとともにいます。この神聖な
時はあなたの成長と癒しのための時間です。

34

あなたの旅を導くインスピレーションと見通しを得る
ために、マスターと自分がつながっていることを意識
しましょう。

35

あなたにとって必要などんな変化をも経験できるよう
にサポートするため、天使は準備をしっかり整えてい
ます。

36

この時期、仕事がさらに面白くなる機会が訪れ、あな
たの豊かさのレベルも上がるでしょう。あなたを導く

天使も準備万端です。

37

実現に向けて進めるマスターがあなたを取り囲んでいます。あなたは自分が思い描いた通りの日々を手に入れられるでしょう。

38

あなたは現在だけでなく、これまで生き抜いた人生で起こったことすべてを思い出しています。これまでの人生からの刺激のせいで、今あなたの中でスピリチュアルな興味が湧いてきています。

39

あなたの内なる女性性が、あなたが自分の魂の声を聞こうとしていることに感謝しています。

# 40

今、神と天使があなたの中にいます。恐れることはありません。

# 41

あなたの天使は、「自分に与えられた才能を受け入れ、その才能を持つ資格が自分にあると信じなさい」とあなたを励ましています。

# 42

天使はあなたに自分の感情を表現するように導いています。本来の自分と一致しましょう。

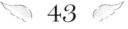# 43

あなたの愛する天使たちやガイド、マスターはみな、あなたを助けるためにあなたとともにいます。それらの助けは無意識のときにのみ起こると知っておきま

45

しょう。

44

あなたの守護天使は、あなたを守るために、あなたを包んでくれています。あなたは安全なのです。

45

大天使ミカエルをはじめとする大天使が、あなたのそばにちゃんといます。

46

この時期、大天使があなたの周りのエネルギーを変化させて、あなたを支えてくれていると信じてください。

47

天使たちは、あなたの思いを実現させるため、自分のエネルギーを思考と一致させ、あなたにとってもっと

役に立つよう助けてくれています。

 48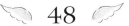

目的を達成するために必要な手助けをしてくれる天使
はすでにあなたとともにいて、あなたが光り輝いて真
実と目的に向かって進めるようサポートしてくれてい
ます。

 **49**

天使はこの時期、あなたの中から湧き上がる感情を受
けとめてくれています。自分の感情にはメッセージが
あることを自覚しましょう。

 50

この時期、豊かさの中にある強いエネルギーがあなた
の内から湧いてきます。ものごとを広い視野でとらえ
て、豊かなエネルギーに集中してください。

51

障害となっているものを乗り越えるために必要なこと
は、すべてあなた自身の中にあります。自分の恐怖心
に立ち向かい、成長する時期です。

52

少し難しく思える会話でも、あなたは確信をもって理
解ができるようになるでしょう。真実に対して心を開
きましょう。

53

宇宙はあなたの意思に反して動くことはありません。
いつでもあなたのために動いているのです。神の隠さ
れた計画を信じましょう。

54

あなたがもう一歩進めるよう、現在の流れのままに進

んでください、と天使が告げています。

 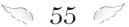

55

あなたの経済的な状況に、豊かになるための大きな変化が起こります。少々痛みを伴う変化もチャンスととらえましょう。

56

何かを受け取るために、まずはあなたが誰かに与えられるものがないかを再確認する時間をとりましょう。エネルギーはつねに循環していることを思い出しましょう。

57

信じたことは実現します。あなたが望んだものは、あなたの手もとにあり、日常の中ですでに実現しています。

58

あなたがたどる旅の障害はなくなりました。最悪の事態は免れたと思いましょう。

59

この時期、あなたの精神にスピリチュアルな成長のチャンスがやってきています。癒しをもたらす情報に耳を傾けましょう。

60

あなたの天使は、大きな変化の前にもう一度、少しゆっくりして、今までを振り返るように促しています。

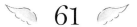

61

あなたの天使は、「あなたが輝くことのできるプロジェクトや出来事のためにエネルギーを蓄えておくように」と伝えています。劇的な状況からは身を引きまし

ょう。

 **62**

今、難しいと思っていることをもう一度見直してみま
しょう。どんな難しそうな人間関係にも簡単に調和を
もたらしてくれる天使を呼び出しましょう。

 **63**

無駄に思える余白が、奇跡と成長の余地を生み出して
くれるでしょう。その空間を生み出すために、古くなっ
ていらなくなったものを手放しましょう。

 **64**

天使は、あなたともっと言葉をかわせるように、「しっ
かり考えたり、瞑想したりしてください」と告げてい
ます。

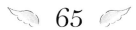

65

あなたの経済状況は自分への評価を映し出しています。あなたには祝福と調和がふさわしいと神が願っていることを思い出しましょう。

66

立ち止まりましょう。急に行動したり変更したりしないでください。天使があなたに次の一歩を慎重に踏み出すよう告げています。

67

あなたの思考が、日常のエネルギーの流れと支えに向いています。時間をかけて、あなたの成長に役立つような思考と調和しましょう。

68

あなたは今、八方ふさがりのように感じているかもし

れませんが、それは天使が長い目で見たゴールに向け
て、方向を修正しているからです。

69

繊細さは才能です。あなたが抱える感情は、自分とい
う存在が確かで、重要なものであることがわかる助け
になっていると気づきましょう。

70

この時期、宇宙のエネルギーがあなたを取り囲んでい
ます。神は、あなたの意志を実現するために、自分の
意志をあなたがもっと明確にするのを待っています。

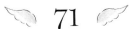

71

あなたは、「やりたくないと思っていることではなく、
自分がやりたいことにしっかり集中するように」と言
われています。目標を紙に書いて神に助けを求めま
しょう。

72

あなたには、さまざまな経験をしっかり重ねていくために、内なる自分とつながることが大事です。

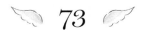

73

障害となっているものはなくなりました。あなたは魔法がかかったようにすべてが整った状態にいます。

74

天使はあなたに、もっと植物に触れなさいと告げています。そうすれば植物もあなたの助けとなるでしょう。

75

自分の望みを実現するには、変化のエネルギーをも受け入れる準備が必要です。さあ、新たな局面がもうすぐ始まります。

76

恐怖心を自分で優しく抱きしめる時間を持ちましょう。恐怖に苦しんでいるとき、奇跡が起こるまぎわにいると思いましょう。

77

最高のことが起こる準備をしてください。よい知らせが舞い込み、ポジティブな変化が起こりそうです。

78

あなたの旅は先が見えずとも完璧なのです。そのプロセスを信じましょう。

79

あなたのハイヤー・セルフ（より高い次元の自分）は役に立つ知恵を持っています。内なる自分という師を呼び覚ましましょう。

80

あなたは今までとは異なることを起こそうとして、今ここに存在しています。あなたが経験することに偶然はありません。自分自身の物語を信じましょう。

81

天使は、困難を乗り越えられるよう、日々繰り返される展開とパターンをあなたが理解できるように助けてくれています。

82

独自の旅をスタートさせるチャンスがやってきます。誰にも意見を言わせず邪魔をさせずに、夢に向かって突き進んでください。

83

今まで自分が学び、成長する途中で犯してきた間違い

を振り返って、それらに対する後悔の気持ちを解き放ちましょう。

84

許しの天使たちがあなたのそばにいて、あなたに過去の出来事へのこだわりを捨て、過去の出来事の中にあった学びだけを大事にするよう促しています。

85

あなたは苦しむために生まれてきたのではありません。困難に立ち向かい、乗り越え、成長しながら前に進みましょう。

86

あなたが今、学ぶべき教訓は、気持ちが落ち込んだり疲れたりしてしまうようなことから一歩、距離を置くことです。

87

あなたは自分自身が師であり、経験から得た知識を広めることができるのです。

88

あなたの目の前で、スピリチュアルな世界への扉が開かれようとしています。

89

あなたは本当の自分にふれたところです。本当の自分をもっと大事にしていくことが大切です。

90

人づきあいで重要なのは、他人ではなく自分自身とのつきあい方です。他人には「ノー」、自分には「イエス」と言えるようになりましょう。

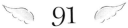

91

あなたの天使は、あなたが成長しようと決意したこと
を誇りに思っています。

92

あなたのエネルギーは、楽しく豊かな人生を送るため
の道筋を切り開きます。

93

あなたのハイヤー・セルフ（より高い次元の自分）は、
あなたのエネルギーシステムが格上げされるよう「瞑
想する時間をとりなさい」と伝えています。

94

あなたの天使は今、あなたの直観を通じてメッセージ
を送っています。自分の感じたことを信じましょう。

95

宇宙はあなたが次に進むべき道を示しています。従順に進みましょう。

96

天使は今、少し落ち着いて速度を落とせば、新たな窓や扉が目の前で開こうとしていると告げています。

97

この時期のあなたは、なんでも磁石のように引き寄せてしまいます。自分の思考を輝くエネルギーに合わせ、輝くチャンスを手に入れましょう。

98

あなたの意志と努力が、この先の新たな道を切り開いていきます。

99

あなたは今、さまざまなことを悟っています。心に浮かんだことを書き留めましょう。

100

あなたがしている懸命な努力のすべてに天使が祝福を贈っています。あなたは地上の特別な光の存在です。

101

あなたの内なる神は、あなたの祈りや希望をすべて綿密に聞いています。

102

時間をかけて、内なるあなた自身と強くつながる時期です。そのつながりが強くなればなるほど、神や天使などとのつながりも強くなります。

103

神は、あなたは聖なる、価値のある光の存在だと思っています。

104

神と天使は、あなたとともに一歩ずつ歩んでいます。
必要なときには神や天使に助けを求めてください。あ
なたはひとりではありません。

 # 105

神や天使は、あなたの現在の経済面と安全を手助けし
ようとしています。奇跡を起こしましょう。

 # 106

前進するために、あなたを過去に縛り付けているもの
をすべて断ち切りましょう。

 # 107

あなたの思考と意図がはっきりしてきました。信じて
受け取りましょう。

108

あなたは自分の内へとつながる旅の途上にあります。
あなたは探している答えをすべて、すでに持っていま
す。

109

あなたの中に聖なるものがあると信じましょう。天使
はあなたの神聖さに注目しています。

110

あなたは今、聖なる気持ちに満ちています。その気持
ちは神や天使に導かれたものです。

111

あなたは大きな存在の一部です。あなたの行動や、あ
なたが与えるものは、世界やすべての生きとし生ける
もののためのものです。

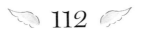

112

天使は、今の人生の人間関係にある、さらに高い目的
を見つめるよう促しています。

113

マスター、聖人、そしてハイヤー・セルフ（より高い次
元の自分）があなたとともにいて、自信を持って自分
の旅を進むよう助けてくれています。

 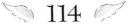

114

天使は、あなたが地上に存在していることを感謝して
います。あなたには本物の癒しの才能があるのです。

115

今、あなたの意思は明確になっています。ですから、
自分の意思をあなた自身が成長できる波動に一致させ
続けることが重要です。

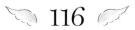

116

これから先に進むための選択をする前に、今あなたがいる現状という枠の外側がどうなっているのかをしっかり考えましょう。

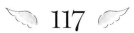

117

天使はあなたに、自分の意図を明確にするよう求めています。自分が望むものをはっきりさせましょう。

118

成長のためには、特に他人が関わっているならば、ある結果へのこだわりを手放さなくてはなりません。時間をかけてじっくりと、自分自身が進むべき道にもう一度集中しましょう。

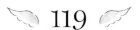

119

今は、自分の力で道を切り開いて前進し、その責務を

負う覚悟が求められています。次に何をすればいいか
について、他人まかせにするのをやめましょう。

120

天使は、あなたのやる気と、最善を尽くしていること
を知っています。天使があなたを優しく、力強く励ま
してくれていることに気づきましょう。

121

宇宙は今ここに、あなたとともにあります。自分がこ
れまでになく宇宙とつながっていることを感じましょ
う。

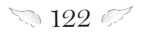

122

あなたは人生の旅のとても大事な局面にいます。です
から、今ここに意識を集中することが大切です。

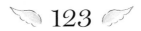

123

あなたは今、階段を一段上がっています。これまで経
験してきたすべての困難から解放されました。上昇の
ための天使が今、あなたのそばにいます。

124

あなたの天使は、あなた自身やあなたの心より大事な
ものなどないということを思い出すように、と告げて
います。自分の神聖さを取り戻してください。

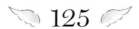

125

つねにあなたの持つ知識と経験を総動員して事にあた
るよう、天使はあなたを促しています。

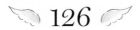

126

あなたが困難に直面したり、何かがうまくいっていな
いと思ったりしたら、神はあなたにとってもっと大事

な計画を用意していると信じましょう。

127

あなたが目にしているサインは、あなたが正しい道筋を歩んでいること、光の道を歩んでいることを示しています。

128

あなたはこの時期、上昇気流に乗って空を飛んでいるような状態です。愛と豊かさを享受しているあなたを、天使が取り囲んでいます。

129

聖なる母が愛と育みの光であなたを包んでいます。あなたは想像もつかないほど愛されていることを感じとってください。

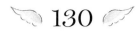

130

目的を持って、自分のためになり成長できる選択をして
ください。

131

今、聖人たちがあなたのそばにいます。彼らは、あな
たには世界を癒やし、光で包み込むための本物の力が
あることを知っています。

132

天使があなたに、「自分のエネルギーとつながって身
体の声を聞きなさい」と促しています。そこに隠され
たメッセージがあるはずです。

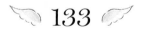

133

キリストと聖なるマスターたちが今、あなたを導いて
います。暗闇には光がもたらされます。奇跡が起こる

時がやってきました。

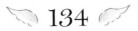

134

あなたの周りに癒しの天使たちが集まり、前進するために必要な知識へとあなたを導いてくれるでしょう。

135

変化が起これば、あなたは本当の目的地にもっと近づけると信じましょう。

136

新たなチャンスとともに、あなたの仕事やその目的が明かされます。あなたが豊かになる最善の選択をするよう神や天使たちが助けてくれています。

137

今、あなた自身のエネルギーが明確になってきていま

す。自分に必要なものはすでにあなた自身の内にある
と信じましょう。

138

もっと充実した未来を実現するために、過去を許し手
放すようにと、あなたの天使やガイドが促しています。

139

あなたには力強い女性たちに囲まれることが重要で
す。現在のあなたには聖なる女性性が必要なのです。

140

あなたは神や天使たちの一部なのです。力強く立ち上
がってください。

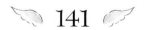

141

大天使が今、あなたを守っています。

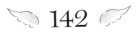

142

あなたの守護天使が愛と許容の心であなたの周りを取り巻いています。あなたは愛され、受け入れられているのです。

143

あなたは自分の守護天使のことを生まれたときからずっと知っています。瞑想をし、自分の魂に、自分にとって役に立つ記憶を呼び覚ますようにと語りかけましょう。

144

何十万もの天使が、あなたを光と愛で包んでいます。

145

大天使が、彼らからのメッセージを受け取れるよう、心を開いて自分の才能を思い出すよう、あなたを促し

ています。

146

あなたは変化の時を迎えています。そのプロセスは天
使やガイドに導かれていることに気づきましょう。

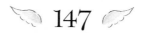

147

天使たちがあなたの夢を実現する手助けをしていま
す。自分の思いを明確にして、受け取るために心を開
いてください。

148

あなたが可能だと信じれば、奇跡が体験できるよう天
使が助けてくれます。奇跡は起こるのだと、しかもあ
なたのために起こるのだと信じましょう。

149

感情もあなたという存在の一部なのです。自分の感情
ともう一度しっかりつながれば、自分の成長を助けて
くれます。

150

大きなチャンスがやってきます。わくわくするような
チャンスが確実に現れるでしょう。

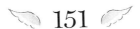

151

どんどん自信がついて、あなたの持つ才能が花開きま
す。自分を信じ続けましょう。

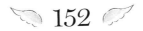

152

困難の先にある、より高い目標を思い出す時間をつく
りましょう。そうすることで恐れることなく前進でき
るでしょう。

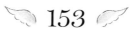

153

宇宙へのあなたの信頼感がますます増し、あなたの抱えている困難への解決法が奇跡的に見つかります。信じ続けましょう。

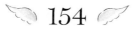

154

あなたの内なる声を信じましょう。そうすればこの時期、天使からの知恵がもたらされます。

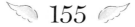

155

あなたはものごとを実現するマスターであり、思い描いたことが現実となるのです。

156

限界を超え、他人のネガティブな行動を気にせずに、自分自身の優しさや自分が他人に与えられる才能を疑うことをやめましょう。本当のあなたは優しいのです。

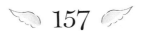

157

過去のことを思い出したら、それはもう過去を手放す
時期が来て、成長をする余裕ができたということです。
思い切って手放しましょう。

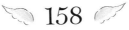

158

宇宙が、あなたの本当の意志や目的とさらに一致する
ような道筋へと導いてくれます。そのプロセスにおけ
る変化を受け入れましょう。

159

あなたの天使たちが、あなたの進む道をもっと深く理
解する助けとなる知識や人々へと導いてくれます。心
を開いて新たな道へと踏み出しましょう。

160

神の声は、あなたが耳を傾ければ傾けるほど届きます。

できるだけ、耳を澄ませましょう。

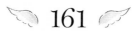

161

暗闇に光をもたらすのは、あなたの内なる光です。あなたは光の存在なのです。

162

天使があなたの現状を穏やかな方向へと導いています。光を抱きしめてください。

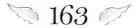

163

心を開いて、愛を受けとめ、受け入れましょう。

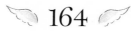

164

天使が、もっと高い視点からものごとを見られるようあなたを助けてくれています。

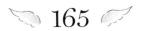

165

あなたは新たな可能性へと導かれています。

166

あなたには今、選択を考え直す時がきています。自分
の意志を最高に良い状態に今一度一致させるように導
かれています。

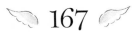

167

あなた自身を愛し、自分を大事にすることが、さらに
自分の世界を広げて、愛と祝福がもたらされることと
なります。

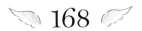

168

あなたの天使チームが、「広く浅く」の拡大はしない
ようにとあなたに告げています。望ましい結果がもた
らされるように、自分が集中することや意志の流れを

正しましょう。

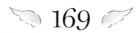

169

この時期、自分自身の感情とつながってその感情を大
事にする時間が必要です。天使があなたのことを大切
に思っています。

170

あなたには今、磁石のように引き寄せる力があります。
チャンスをつくり出すには、自分の計画に愛を持って
集中してください。

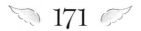

171

天使が、あなたの持つ祈りの力を思い出してほしいと
願っています。自分の祈りで奇跡が起こせることに気
づきましょう。

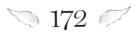

172

あなたの天使やあなた自身のエネルギーによって、自分に良い影響をもたらしてくれる人が誰なのかがわかります。そんな人々とつきあいましょう。

100
-
199

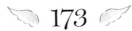

173

天使が、あなたの中に奇跡を起こす力があることを思い出すよう促しています。

174

天使は、あなたが自分の力を呼び覚まして現状に対処できるように助けてくれています。

175

あなたが体験している変化は、自分の意思で起こしたものです。宇宙はあなたが一歩進むたびにそれに応じてくれていると信じましょう。

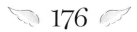

176

宇宙はこの時期、あなたの意志が明確でないので、はっきりさせるように求めています。神との対話を始めましょう。

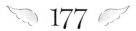

177

あなたの意志がはっきりと明確に聞き入れられました。神があなたを導いています。

178

あなたは自分の才能が存分に花開くように導かれていると信じましょう。

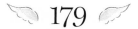

179

あなたの超常的な力や気づきの能力が急速に高まっています。定期的に瞑想をして、その才能とつながりましょう。

180

この世に偶然起こることなどありません。あなたはこの世に崇高な目的を持って生まれ落ちたのです。

 # 181

奇跡を起こすために、辛い過去を手放すように促されています。

 # 182

他人のトラブル、間違い、良くない行動などは、すべてこだわらずに受け流してしまいなさいと、天使が告げています。あなたにはそのようなことに縛られないだけの価値があるのです。

 # 183

あなたの天使やガイドは、あなたが過去の人生を振り返り、ここまでよく成長できたと思い出す手助けをし

ています。

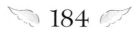

184

許しはあなたに与えられた才能です。あなたは過去から自由になれる存在なのです。

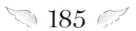

185

「あなたを大切に思っていることを思い出してほしい」と天使が伝えています。

186

人生を一変させるような選択をする前に、現状を振り返る時間をつくりましょう。忍耐と集中が必要とされています。

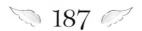

187

あなたが経験してきたことや学んできたことは、あな

たが本当の自分を知り、自分がどんな才能を持っているかに気づくためのものです。じっくりと時間をかけてあなた自身の魂を見つめましょう。

188

あなたは自分の意識と宇宙とが一致している状態にあります。あなたは自分の才能、夢、目標とともにあるのです。

189

あなたの第三の目が開き、スピリチュアルな視覚が鋭くなってきています。魂の視点でものごとを見てみましょう。

190

心の中の故郷に戻って、心の中の洞窟に入り込んでみましょう。そこでは守護天使があなたの無条件の愛を受け取るために待っています。

191

あなたが受け取っているメッセージはただの想像では
ありません。今、実際に天使が、あなたにはっきりと
した大きな声で語りかけています。

192

この時期、大事に思っている人のためにもっと時間を
割いてください。あなたの愛する人は、あなたにもっ
と注意を向けてほしいと思っています。

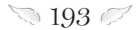

193

あなたはこの時期、流れの中で成長を続けています。
どんな経験にもどっぷり浸かってください。そうすれ
ば天使があなたを助けに来てくれます。

194

天使はあなたに、目標を達成するチャンスをさらにつ

くり出せると知ってほしいと思っています。新しいア
イディアに意識を開きましょう。

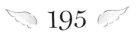

195

自分の才能をさらに花開かせるには、もっとそれを意
識しなくてはなりません。深く自分の中を探り続け、
自分の才能を見つめる時間をつくりましょう。

196

本来の目標を思い出せば、自分が宇宙の中のどこにい
るのかがわかってきます。

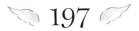

197

優雅さとは、精神の質を示します。天使はあなたの使
う言葉、行動、目標が優雅であれと願っています。

198

この時期、あなたの魂は大事な経験を重ねています。何度も繰り返されてしまうことを乗り越えるための導きを求めて祈ってください。

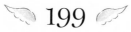

199

あなたの心の中の洞窟へようこそ。あなたは自分という存在の中心にたどり着きました。

200

あなたは、多くの人の心に変化をもたらすためにここ
にいます。あなたは世界への「贈り物」のような存在
なのです。神があなたの後ろについています。

 # 201

自分の中に光があると信じてくれたことに天使が感謝
しています。あなたの天使は、あなたが自分の神聖さ
を思い出したことを喜んでいます。

 # 202

神は、あなたが自分のことをもっと深く知るようにと
導いています。

 # 203

成長したいという気持ちは、あなたの周りにいる人の
波動によって促され、強くなります。

204

あなたは真実を語り、愛を与えるためにそこに存在しています。神はあなたがどこに行こうとも、あなたとともにいます。

205

自分は壮大な夢を叶える一人だと思えば、自分の人生に隠されたものが見えてきます。

206

自分の意図は、誰か他の人の自由意思に影響を与えるためのものでも、干渉するためのものでもありません。

207

あなたに必要な魔法は、あなたの中にあります。

208

成長して前進するには、真実に直面しなくてはなりません。自分に素直になりましょう。

209

あなたは、あなたという存在で世界を優雅なものにするために生まれてきました。あなたは世界の中で光を放っているのです。

210

神と天使はあなたが真実を知ったことを喜んでいます。あなたは自分にとって正しい道筋に戻ったのです。

211

あなたは、過去と現在を生きる大いなる目的の波動と同調したパワフルな状態にあります。自分の夢や、より高いレベルの自分に集中してください。

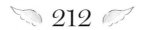

212

この時期、本当の自分とは何か、どんな人間関係を築いて世界を変えていきたいのかを考えることが重要です。

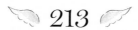

213

恐れないでください。一歩引いた気持ちになっているのは、宇宙があなたのために再調整をしているからです。そのプロセスを信じましょう。

214

天使との関係は今までになく深まっています。

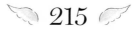

215

あなたは自分の恐怖を乗り越える時期に来ています。信じてください！　あなたは成長するために今の経験をしているのです。

216

天使があなたに、「天使の聖なる優しい視点で自分を
見つめてみましょう」と告げています。自分の内外の
美しさを見つめましょう。

 # 217

自分のエネルギーは周りにいる人の波動に影響される
ことを思い出しましょう。誰から影響を受けるのかを
きちんと選びましょう。

 # 218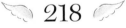

信じて、あなたの光を強くする飛躍を経験する勇気を
持ちましょう。

 # 219

他人との人間関係では、あなたの心が平穏で優しい気
持ちになれることが大事です。自分が成長したいとい

う気持ちを周りの人たちにしっかり理解してもらうために、時間をかけましょう。

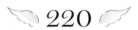

220

本当の自分を表に出して、世界に出ましょう。

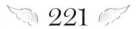

221

あなたは世の中の光となるために、自分の最も暗い部分にあるものから目をそらさず、向き合うように導かれています。

222

あなたは地上の天使のように、あなたの周りにいる人々の心を明るくすることができます。あなたは輝くために生まれてきたのです。

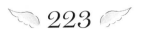

223

アセンデッド・マスター（天界にいる高貴な魂を持つ人々）
とガイド、そして天使たちが、ここから先に進むには
自分に正直であれと励ましています。

224

天使があなたを導いています。調和が今、もたらされ
ていると信じましょう。

225

あなたこそが変化をもたらす存在なのです。あなたが
最近とった行動は、聖なる計画の通りです。すべては
完璧な時と場所に現れることになっています。

226

人間関係の中で欠けているものをもたらすのは、あな
た自身だと思ってください。問題点ではなく、解決法

に目を向けましょう。

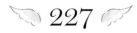

227

あなたの祈りは神と天使に届き、現状に関わっている
すべての人に最善の解決法がもたらされつつあります。

228

宇宙はあなたに、経験していることはすべてあなた自
身の意志と祈りによるものだと思い出すよう伝えてい
ます。その経験を通して、自分が結果的に何を得たい
のかに集中しましょう。

229

聖なる存在は、「あなたの経験することが目的のある
実り多いものとなるように、自分の選択、思考や意図
を最善のものと一致させてください」と告げています。

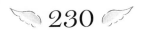

230

あなたの目的は幸せになることです。天使はあなたに、
「心が躍るようなことをしてください」と言って励ま
しています。

231

今、あなたは一歩後退しているように感じているかも
しれませんが、これは天使の一団が、あなたにとって
最善の状態をもたらすために起こしていることです。
そのプロセスを信じましょう。

232

今、あなたは真実を目にしています。だから天使は、
真実に基づいて信じて行動するようにとすすめていま
す。

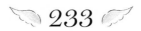

233

アセンデッド・マスター（天界にいる高貴な魂を持つ人々）、
特にキリストが今、そばにいて、あなたの最も正しい
状態へと導いてくれています。あなたが必要な助けを
すべて求めましょう。

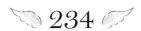

234

あなたは今、上昇しています。宇宙はあなたが成長し
たいと決意したことを誇りに思っています。

235

あなたにとってさらなる満足と平穏をもたらす変化が
起こります。

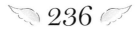

236

あなたは喜びを感じて生きるためにここにいます。天
使は、リラックスして自分を解放することをすすめて

います。そうすれば人生にポジティブなエネルギーが
増えるのです。

237

あなたの目の前で急速に夢が花開いています。自分自
身の優しさと自分の目的に集中し続けましょう。

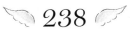

238

あなたは以前にも今いるところに存在したことがあ
り、幾多の人生で魂のつながりを経験してきました。
あなたは今ここに、光と強さの指標となるべく存在し
ています。

239

あなたの中の聖なる女性性が、女神、聖人やマスター
の姿をして現れ、心の最も深い部分とつながることを
助けてくれています。真実は自分の外ではなく内にあ
るのです。

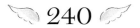

240

神と天使が今、あなたとともに立ち上がっています。
変化を受け入れましょう。

241

「自分に与えられた才能を思い出してください」と天
使が導いてくれています。落ち込むのはやめて、自分
の才能に意識を向けましょう。

242

天使が無償の愛のまなざしであなたを見つめていま
す。自分が計り知れないほど愛されていることを感じ
ましょう。

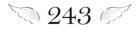

243

今、恐怖を感じても警戒しないようにしましょう。エ
ネルギーの波動レベルが上昇している途中にいるだけ

です。

244

天使があなたを次の段階に引き上げようとしています。自分の価値を感じる時が来ています。

245

大天使があなたのそばで、あなたを縛っている紐を切ってくれています。過去ときれいに決別しましょう。

246

あなたの愛のバランスを崩すようなことが起こりそうですが、今は懸命に努力して頑張る時です。

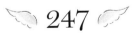

247

宇宙への扉。あなたの思考は、魅力的で強力です。どんな変化が起こっても信じましょう。それは奇跡的な

出来事なのです。

248

あなたは人生の重要な地点に差しかかっています。自分の目的に向かって進むチャンスは今、目の前に広がっています。

249

あなたの天使は、心を解放するようあなたを導いています。本当の自分、最も聖なる自分を表に出しましょう。

250

今まであなたが進むと決めた道筋や、変化するために懸命に取り組んできたことが報われます。

251

あなたは自分の内から湧き上がる声によって、もっと
上昇するよう導かれています。それは聖なる導きです。

252

あなたの自分自身とのつきあい方は、他人とのつきあ
い方に反映されています。

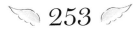

253

ときに本当の豊かさは、失ってしまった自分らしさを
取り戻すときに見つかります。おかえりなさい。

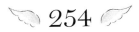

254

あなたの天使は、現状について自分がどう思っている
のか、きちんとコミュニケーションをとって自分を大
事にするようあなたにすすめています。

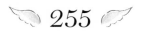

255

豊さをもたらすチャンスの扉が開きつつあります。スポットライトの当たる位置に立ち、輝くときです。

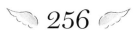

256

自分が何かを受け取るためには、誰かに分け与える準備ができていなくてはいけません。限界があるとか、何かが足りないという考え方をリセットしましょう。

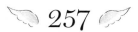

257

あなたは万能なる神とひとつなのです。ですから、あなたが探し求めているものはすでにあなたとともにあります。

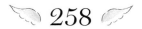

258

あなたが最も楽しめる選択をしましょう。そうすれば道は自然と開かれるでしょう。

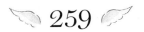

259

あなたは聖なる導きとつながっています。あなたが受け取っている直観は本物です。

260

家族や大事な人との時間をつくりましょう。彼らは今、あなたを必要としています。

261

あなたのパートナーに会って、あなたの姿を見せてください。相手は今、あなたを必要としています。

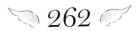

262

あなたは、自分自身や人間関係に正直になるように、と言われています。

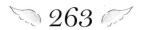

263

神や天使は、あなたが戻ってきたことを歓迎しています。しばらくの間、あなたは進む道筋の途中でさまよっていたかもしれませんが、今はきちんとつながっています。

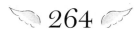

264

天使はあなたに、人間らしくてもいいのだと思い出させてくれています。天使は本当の今のあなたや、これからのあなたを大事に思っています。

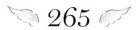

265

あなたは「他人に見せる姿でいるように」と言われています。

266

優しく自分自身に語りかけましょう。神はいつでも聞

いています。

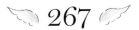

267

心を開いて豊かさのエネルギーを受け入れましょう。

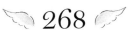

268

人生の旅で自分が今いる場所に満足しましょう。今ここにいる幸せを楽しみましょう。

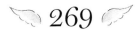

269

現状の核心をつかめれば、探し求めている解決法へとあなたを導いてくれるでしょう。あなた自身の最高レベルの意識で行動し、対応しましょう。

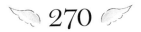

270

神は今ここにいて、あなたに愛を与えたいと望んでいます。自分には聖なる愛を受け取る資格があると信じ

ましょう。

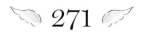

271

あなたの道筋に次の段階に進むチャンスが舞い降りて
きます。自分がどこにたどり着きたいのか、心をクリ
アにしましょう。

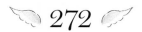

272

豊かさを実現するカギは、あなたが心からの愛で再び
つながることです。そうすれば、あなたは自分の最も
高い波動へと持ち上げられます。

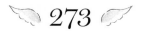

273

あなたは完璧な状態に戻るために、内なる燃えるよう
な気持ちや強さにつながるよう導かれています。

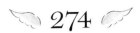 **274**

天使はあなたの最大の応援者であり、あなたとともに
歩んでいます。立ち上がり、すべての出来事を乗り越
えて行動しましょう。

 275

あなたが体験している変化は、あなたの願望が実現す
るために必要なステップです。

 276

自分は孤独ではないことを思い出せば、強くなれます。
天使はいつでもあなたとともにあります。

 277

宇宙があなたとともにあります。立ち上がり、内なる
力を誇りに思いましょう。

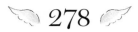

278

あなたの人生は偉大になるべき運命なのです。自分の
目的に集中し続けましょう。

279

立ち上がるために、現在抱えている問題を乗り越える
よう求められています。今こそ、鉛を黄金に変えるよ
うな感覚を持てる時です。

280

今はまだ目に見えない、あなたの前にある道筋を信じ
ましょう。すべては起こるべくして起こっています。

281

天使は、あなたの人生はあなたの手の中にあることを
思い出すよう促しています。自分の持つ力を取り戻し
ましょう。

282

本来の自分であることや、それを確信できる重要な教
訓が、あなたのために示されています。立ち上がって
主張し、自分の意見を聞いてもらいましょう。

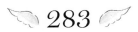

283

あなたは今、思いやりと慈悲の心で行動するよう導か
れています。人から愛されるような選択をしましょう。

284

あなたの天使は「正しいことをやってください」とあ
なたを励ましています。実行に移す一歩を踏み出しま
しょう。それは自分が進む道筋にも役に立ちます。

285

あなたの天使は、あなたの内なる知恵を大事にしなさ
いと励ましています。自分の知識を信じましょう。あ

なたは答えを知っています。

286

天使は、力をためるために一歩下がって見るようにと告げています。聖なる癒しがあなたを取り囲んでいます。

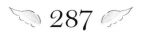

287

あなたは光、愛、許しの道を歩いています。光の中に立ち、愛に満ちた場所から未来を語ってください。

288

あなたの周りで次々と魔法が起こります。あなたの夢や理想が実現すると信じましょう。

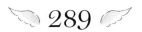

289

自分が思う真実を取り戻しましょう。本当の自分をは

っきり打ち出しましょう。あなたは高く飛翔するために存在していると意識しましょう。

290

少し立ち止まって、前例に学んでみましょう。神はあなたとともに歩んでいます。

291

天使や聖霊があなたとともにあります。愛は本物だと信じましょう。

292

奇跡はあなたの目前に隠れています。変化や現実を受け入れる準備をしましょう。

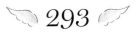

293

あなたは人を助けるために限界を超えて行動していま

す。あなたは聖なる力に導かれています。

294

天使はあなたの心の隙間に向けて優しく語りかけています。その空間に入り、耳を澄まして天使の愛とつながりましょう。

295

ここから先、自分の道を進むのに、心を開いて聖なる道筋を歩むことができます。

296

愛はあなたのものです。自分の神聖さを思い出しましょう。自分自身を優しい目で見つめてみましょう。

297

自分の意志に集中し、天のパワーを信じましょう。あ

なたは天使たちに守られています。

298

力強くしっかり立ちましょう。目標に集中していれば、
道は自然と現れ、見えてきます。あなたは人から非難
されるかもしれないという恐怖を乗り越えるためにこ
こに存在しているのです。

299

あなたの中にある神聖な真理が力強く世界を照らして
います。

300

神やアセンデッド・マスター（天界にいる高貴な魂を持つ
人々）、そして天使が、あなたの進む祝福された道を
透明な光で照らしています。

301

あなたはこの時期、宇宙の強力なエネルギーと調和し
ています。今の流れやスピリチュアルなつながりを邪
魔されることがないようにしましょう。

302

今のあなたは、私生活でも仕事でも成長しています。
自分のエネルギーを高く保ち、これまでとは違うもの
をつくることに集中しましょう。

303

神があなたのために、導きと聖なるマスターたちを送

り出しています。光を招き入れましょう。

304

天使たちがあなたの周りを飛び回り、あなたの思考、意識、エネルギーをできるだけ高く保つよう促しています。

305

自分の目の前で起こった変化ではなく、自分で変化を生み出せるよう、困難に立ち向かいましょう。正直で高潔であることを目指しましょう。

306

天使を呼び出し、何がいちばん重要なのかを見極めるために、バランスよく集中できるような助けを求めましょう。

307

あなたは奇跡の存在です。あなたは魔法のような存在です。この時期あなたが触れるものは黄金に変わります。

308

あなたのスピリチュアルな成長が、急速に進んでいます。成長するに伴い、あなたへの導きが変化するのに気づくでしょう。

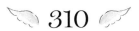

309

あなたのハイヤー・セルフ（より高い次元の自分）がこの時期、あなたを導いています。自分の内側に奥深く入り込み、新たな方向へと心を開いて進みましょう。

310

あなたは、より高い次元の力とひとつになっています。

自分が愛され、大事にされていることに気づきましょう。

311

あなたのエネルギーと存在は、世界にとっての贈り物のようなものです。あなたは心を開いて、命のワンネス（命はひとつにつながっていること）に気づくでしょう。

312

あなたはこの時期、人間関係を成長させることの大切さに気づくようにと促されています。どんな出会いも偶然ではないと気づきましょう。

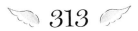

313

洞窟の中から外に出ましょう。あなた自身から光を放ちましょう。あなたは学び、教えるためにここに存在しています。

314

天使たちはあなたに、光を放ち、そして自分が光を放っ
ていることを信じるようにと励ましています。

315

あなたが目にしている変化は、自分の祈りへの答えで
す。あなたが進む道の次なる段階が明らかになるで
しょう。

316

人生にもっと奇跡を起こしましょう。そのためだけの
時間をつくりましょう。

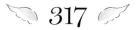

317

成長しようとしているあなたの懸命な気持ちが、魔法
の扉を開きます。力を行使するには責任が伴うことを
忘れずに。

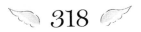

318

あなたが人生という旅で成長すると決心したことが、認められました。方向性を決める天使とその助けがあなたのもとに届けられます。

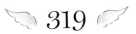

319

あなたが存在することがあなたの力になります。神聖さだけがあなたを守る壁だということを忘れずに人々の前に姿を現し、自分の周りの壁を低くしましょう。

320

あなたは神と直接つながっています。神に愛されましょう。あなたは聖なる存在とつながることのできる存在なのです。

321

あなたは進む道を間違えてはいませんが、今いる場所

から聖なる存在へと導かれています。その力に身をまかせましょう。

322

自分の心の旅に参加しているのは自分だけだと思い出すよう、促されています。光と解決が必要なときには、あなたが先に立って行動しなくてはなりません。このことを受け入れましょう。

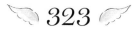

323

アセンデッド・マスター（天界にいる高貴な魂を持つ人々）が、恐怖を捨てて人生を歩むのに障害となるものや苦難を取り除くために、あなたとともにいます。

324

あなたの天使たちが、あなたのもとに戻ってきました。あなたはただ助けを求めて祈るだけでいいのです。

325

誰かを支える余裕を持ちましょう。あなたが誰かを助けるためには、神と天使の助けが必要です。

326

低い波動や、あなたの光をさえぎる出来事に影響されないようにしましょう。そんな人々ではなく、自分の波動を上げてくれるような人々に囲まれるようにしましょう。

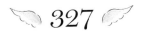

327

あなたの人生についての計画は、最も正しい状態と調和していなくてはなりません。もし調和していれば、神の計画とあなた自身の計画とが一致し、願いは叶うでしょう。

328

あなたが懸命に成長しようとしていることが認められました。求めれば、手に入れられます。

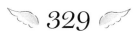

329

あなたには聖なる母の存在とパワーがそばにいます。自分が愛されていると自覚しましょう。

330

天使たちやアセンデッド・マスター（天界にいる高貴な魂を持つ人々）は、神があなたの存在と才能を信頼していることをわかってほしいと思っています。

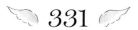

331

必要なときに助けとなる知識と聖なる愛が、あなたとともにあります。信じましょう。

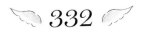

332

あなたの人間関係が、満足のいくものになる時期に入
ります。

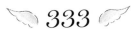

333

この時期、あなたはキリストや他のアセンデッド・マ
スター（天界にいる高貴な魂を持つ人々）と力強くつながっ
ています。あなたは、これまで停滞していたことを乗
り越えられる大事な局面にいます。

334

あなたのガイドと天使が、聖なる愛と守護を与えなが
ら、あなたの周りを飛び回っています。

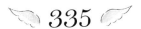

335

自分が神や天使とともにいることを忘れてしまうと、
変化が困難に感じられます。本当の自分を思い出しま

しょう。

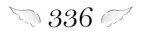

336

あなたの心に意識を向けましょう。ここから先に進む前に、呼吸をして、自分の中心にある心をゆっくり感じましょう。

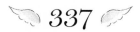

337

あなたは、今から夢が実現する始まりの場所にいます。あなたによってこの時期、奇跡が起こされていくのです。

338

あなたが求める疑問への答えは、あなたの過去にあります。

339

あなたは今、女神とともにいます。あなたを助けてくれる聖女が姿を現し、聖なる愛であなたを歓迎しています。

340

あなたの天使は、神とともにあなたの人間関係に入り込んで手助けをしています。あなたにはそれだけの価値があるのです。

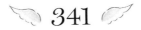

341

成長し続けようとするあなた自身の心が進むべき方向は、天使からの導きで明らかになります。

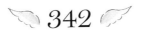

342

あなたの天使の集まりが、この時期、あなたの人間関係を導いていて、あなたが抱えている問題について

語っています。

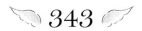

343

心の中で感じているつながりを信じましょう。内なる
ガイドがあなたに語りかけています。

344

あなたは自分の守護天使とともにいます。あなたは無
条件に愛されているのです。

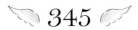

345

大天使と守護天使たちが光となって、あなたの周りを
守っています。

346

あなたの祈りを受け取った天使が、成長のための完璧
な解決に向けて、あなたを導いてくれていると信じま

しょう。

347

あなたのハイヤー・セルフ（より高い次元の自分）が、今あなたが心地よいと感じている境地を越えて、その先へと進むチャンスを与えています。恐怖を捨てて成長しましょう。

348

あなたが本当に支えられていると思えるよう、宇宙に求めてください。

349

あなたが自分らしくいることには、誰の許可も必要ありません。あなたは力強くあるために生まれてきたのです。そのことを受け入れてください。

350

今あなたは、あなたが豊かになれる力と光とともに
日々を過ごすよう導かれています。

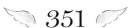

351

変化のエネルギーを恐れないでください。変化はつね
に、神の秩序とあなたにとって最善なものに向かって
起こっているのです。

352

人間関係で学んだことは、努力したかいあって価値あ
るものになるでしょう。あなたは正しいことを成し遂
げたのです。

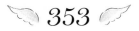

353

あなたの天使はあなたに、限界を超えて前進するよう
励ましています。自分の個性や精神が成長するために

はどんな変化が必要か、自分と向き合って考える時間をつくりましょう。

354

この時期に起こっている変化の中で、天使たちがあなたの道筋をつくり出す手助けをしています。光に集中して目を向けましょう。あなたの光を曇らせてしまうようなことがないように。

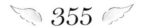

355

アセンデッド・マスター（天界にいる高貴な魂を持つ人々）たちはあなたを、光を輝かせ、経済的な変化を大事にし、豊かになるよう励ましています。自分の中の粒子を光と一致させましょう。

356

今は、拡大の時です。あなたにとって大事なのは、他の誰かの役に立つことと、つながりを持つことです。

そうすれば、あなたが神とつながるチャンネルが開きます。

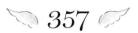

357

これまでとは異なる視点でものごとを見られるように心を開きましょう。奇跡が起こる準備をするように促されています。あなたが感じ方を変えれば、奇跡を体験できるでしょう。

358

目標を持つことは大事ですが、同時に計画が思った通りに進んでいないことも認めましょう。天の計画はいつでもあなたのために働いているということを心にとめておきましょう。

359

あなたの天使は、自分の深いところまでつながって、自分がこれまでになく明るく輝いていることに気づい

てほしい、とあなたに求めています。内なる自分をよく見つめましたね。

360

天は、あなたの経験に調和をもたらすために最も役に立つものを手にするよう、あなたを促しています。そして、さらに前進してください。

361

さらに前進するためにいちばん大事な、あなた自身の意志を思い出すようにと、あなたの魂が頼んでいます。あなたは自分の役に立つものを忘れてしまっています。進む道を修正して、元の道筋に戻ってください。

362

あなたという存在を必要としている人がそばにいます。それによりあなたに起こることに心を開いておきましょう。あなたが抱えるどんな人間関係も、あなた

にとっては学びなのだということを忘れずに。

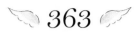

363

あなたの心が開いて広がり、スピリチュアルな感覚も
開き始めました。あなたが成長し続けるには、聖なる
存在からの助けと保護が必要だと理解できるようにな
ることが大切です。

364

あなたの天使たちがあなたのもとにいます。彼らに助
けを求め、自信をもって天使の導きに従って前進しま
しょう。

365

あなたはこの時期、豊かさを感じられるような機会に
恵まれます。あなたの天使たちは、価値ある聖なる存
在と再びつながるよう、あなたに告げています。

366

立ち止まりましょう。自分の意志と再びつながって、専門的な情報を求めてからこの先へ進みましょう。そうすれば、自分の成長する道筋をしっかり進める状況をつくれます。

367

どんな困難に直面してきたとしても、それらはあなたのエネルギーから取り除かれています。ものごとはやがて進み始めます。

368

あなたの進むべき道と目的は、理由があって隠されているのです。あなたの魂は、いつでもあなたが楽しく心豊かになれることを語りかけていると思いましょう。

369

今の時期、あなたは繊細になっています。感情が湧き
上がるときには、「自分の進む道筋に最も大事なもの
は何かを思い出してください」というメッセージだと
とらえて人の言葉を聞くことが大切です。

370

神とアセンデッド・マスター（天界にいる高貴な魂を持
つ人々）が今、あなたの望みが実現するのを手助けして
います。高い波動のエネルギーに集中して感謝すれ
ば、奇跡を起こせます。

371

あなたの意図は聞き届けられました。結果は、目の前
に必要に応じて現れると信じましょう。

372

自分の未来の目的や目標にとって最も重要な人を引き
寄せるように、というのが天使の導きです。自分の豊
かな思考を彼らと共有しましょう。

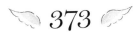

373

あなたのハイヤー・セルフ（より高い次元の自分）は、今
の状況の中であなたが人々を教え導くことができるよ
うに、大事な教えを目の前で見せてくれています。目
の前で起こっていることの、真意をくみ取りましょう。

374

今のあなたの目的に天使が賛同しています。それを実
現するように励まされていると知りましょう。

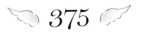

375

「変化が起こっても心地よくいてください」と告げら

れています。カギとなるのは、天も天使もいつでもあなたとともにいることを忘れないことです。

376

恐怖心が湧いてきたら、何らかの奇跡を起こすタイミングにあるのだと思いましょう。信じて助けを求めましょう。

377

あなたが求める奇跡は、あなたの中にあり、願えば手にすることができます。愛のパワーと光に集中して、調和した状態を保ちましょう。

378

あなたの次なるステップが決まりました。でも、次に何が起こるかを知る前に、前に進まなくてはなりません。進みましょう。

379

自分本来のパワーと再びつながりましょう。本当の自分と自分に与えられた才能を思い起こしましょう。あなたは輝くために生まれてきたのですから。

380

天はあなたには力があり、それを成し遂げられることに気づいてほしいと願っています。

381

天使があなたを導き、現状に納得がいくときがやってきます。あなたには強さがあることを知っておきましょう。

382

あなたが成長するために必要な人々とのつながりや再会があります。心を開きましょう。

383

この時期、自分の周りの防御をゆるめて、温和な行動
をしましょう。

384

あなたは地上の天使であり、人の役に立つことで喜び
と満足を得るようにと促されています。進んで他人を
助けましょう。

385

「前進するにはいくつもの方法がありますよ」と励ま
されています。頑固さを捨てて、現状を違う視点から
見つめてみましょう。

386

これより先に進む前に現状を振り返るのは、あきらめ
ることではありません。今の経験をより意味のあるも

の、役に立つものにするための準備なのです。

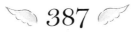

387

真実、答え、そして光に向かってまっすぐ進んでいます。自分が目にするもの、聞こえてくるもの、感じることを信じましょう。

388

あなたが前進しようとしていることが明らかになってきました。あなたに聖なる導きがあることを信じましょう。

389

あなたが今たどっている道は、まさに本当のあなた自身へと戻る道でもあります。自分自身こそ、知恵の師です。自分と深く関わり、「師」に尋ねてみましょう。

390

神があなたに感謝しています。

391

成長すると決めたあなたの気持ちは、全宇宙に認められています。光の道に携わると決めたあなたの心に、宇宙が感謝しています。

392

あなたはパワフルで力強い人々に囲まれています。女神と深く交わり、その経験を仲間と共有しましょう。

393

天に聞き届けられる準備ができている、という力強いメッセージがあなたの中にあります。「マインドフルネス、瞑想や日記で自分の中にあるものに耳を傾けるように」と告げられています。

394

天使はあなたに、「自分に優しくあれ」と励ましています。自分を愛しましょう。

395

宇宙はあなたを助けるために、心の中にある不安を捨てる必要があると語りかけています。手放して、神にまかせましょう。

396

さらなる前進の前に、自分の中に深く入り込んで思考を巡らすよう促されています。本当の自分を取り戻しましょう。

397

あなたが経験することは、あなたが調和しているエネルギーを映し出しています。自分をやる気にさせるよ

うなエネルギーとつながるようにしましょう。

398

天使が、あなたの進む道はどんどん高い波動の道となると告げています。道筋から外れないようにしましょう。ここまでやってきたのですから。

399

あなたには、天からの力強く思慮深いメッセージが降りてきました。瞑想や洞察、夢によってそのメッセージが明かされることに注意しましょう。

400

あなたは神と直接つながっています。あなたの祈りは
届いています。

401

天からの愛と守護を自分の支えにしましょう。あなた
はひとりではありません。

402

あなたのガイドと天使が一団となって、あなたの現状
を助けてくれています。人との関係においては、あな
た自身が天使になりましょう。

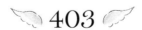

403

この時期、あなたのエネルギーが格上げされています。
この変化の時期、あなたは導かれていることを自覚し
ていましょう。

404

神と天使があなたの周りを聖なる光で守っています。
あなたは安全です。

405

今起こっている変化は、神の導きによるものです。自
分の道筋が見えなくとも、神聖な方向に導かれている
と信じましょう。

406

ちょっと立ち止まって、内なる自分を見つめるよう求
められています。神も天使もすでにあなたの中に答え
を与えています。

407

あなたはこの時期、高い波動の中にいて、これから現
れるものに集中するよう促されています。

408

あなたは今ここに高い目的をもって存在しています。喜びにあふれていると感じられるときは、あなたがその目的どおりに生きているというしるしです。

409

あなたのハイヤー・セルフ（より高い次元の自分）は、いつも神や天使とつながっています。いつでも聖なる知恵を手に入れるのを忘れずにいてください。

410

あなたは自分の意志を忘れずに、しっかり覚えています。神は、あなたが神の法則に従っていれば、いつでもあなたの言葉に耳を傾け、応じてくれます。

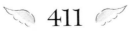

411

あなたは命のワンネス（命はひとつにつながっていること）

とともにあります。あなたに必要な支えと導きはすべてあなたのもとにあります。耳を傾けましょう。よく聞きましょう。

412

この時期、特に人間関係において、自分の感情や意志を明確にすることが大事です。

413

天使があなたを支えているのは、あなたが次の段階に進もうとするときだからです。大きな一歩を踏み出しましょう。

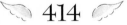

414

天使はあなたに天使たちの存在を思い出してほしいと思っています。今あなたが経験していることは、聖なる存在とつながっているから起きているのだと信じましょう。

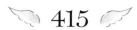

415

天使は「成長するには何かを変えなくてはなりません」とあなたを励ましています。自分の力を取り戻しましょう。

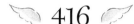

416

考えすぎたり、予定を詰め込みすぎたりするのをやめて、自分らしく歩み始めれば、天使たちが現れて、奇跡としか言いようのない助けと解決策を与えてくれます。

417

天使はあなたに「現状の先にある奇跡を見つめましょう」と告げています。どんなことにも偶然はない、と思ってください。

418

天使はあなたに「自分の道筋を歩むことが最も偉大な

学びであり、これまで学んできたことの中にあなたへのメッセージがある」と伝えています。

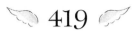

419

天使は、あなたが自分の力を取り戻せるよう励ましています。自分を見失わないようにしましょう。

420

あなたの天使は、聖なる存在としっかりつながりを持っていられるように助けています。自分の道筋を進む中で、神についての否定的な教えを自分に取り込まないようにしてください。

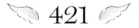

421

あなたの天使は「人間関係では優しくあれ」と告げています。

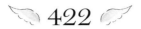

422

あなたは、周りの人々に手を差しのべるよう導かれています。助けが必要な人に、どう助ければいいか尋ねてください。他人を助けることは、あなたのためでもあります。

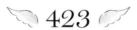

423

天使とアセンデッド・マスター（天界にいる高貴な魂を持つ人々）が、あなたに与えられたのに失ってしまった才能や、あなたの一部分を取り戻すよう助けてくれています。

424

あなたは私生活での人間関係に思いを巡らしています。自分が抱いた感情をクリアにして、本当に大事に思う人々に自分の内にある愛を与えましょう。

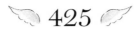

425

天使はあなたに「現状から学ぶべき教訓を見つめてください」と告げています。

426

あなたは自分のレベルを上げてくれる人たちに囲まれるように導かれ、光り輝くように励まされています。

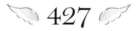

427

あなたの天使は、あなたの祈りや恋愛や人間関係への望みが聞き届けられるのを助けてくれています。

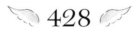

428

あなたの天使は、あなたの仕事や目標に関する祈りを聞いており、あなたの夢の実現に向けて手助けしたいと思っています。

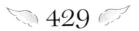

429

あなたの天使はこの時期、自分の優しさを思い出してほしいと思っています。傷つきやすいところもあなたの才能のひとつなのです。

430

天使が、「あなたの選択や行動の先にある目的を思い出してください」と告げていて、それを思い出せれば、あなたが前進するのに役に立つでしょう。

400
～
499

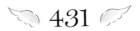

431

今あなたは、光に集中して調和するよう促す天使、聖人、マスターたちに囲まれています。

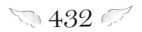

432

人間関係で他人とどうつながったらいいか、助けと導きを求めるようすすめられています。

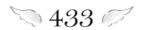

433

天使とキリストが、「あなたの中にある天国とつながるように」とあなたに告げています。

434

この時期、あなたの周りにある変化を引き起こすエネルギーは、天使によってもたらされたものです。あなたの祈りが届き、それに応じて起こった変化なのです。

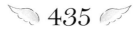

435

あなたは思考、行動や自分の意志をアップグレードするよう導かれています。どこにいても自分が天使になりましょう。

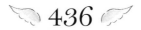

436

決心する前に時間をとって、心を開き、自分を元気にしてくれるものは何かを、しっかり考えることが大事

です。

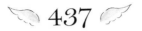

437

天使が、奇跡を起こすことであなたを助けています。

438

「スピリチュアルな道はいつもたやすいものではありませんが、自分がやっていることの先にある目的を忘れずにいるように」と天使が告げています。 400〜499

439

天使はあなたに、祈りや瞑想などで自分の内に入り、聖なる女性性とつながるようにすすめています。

440

天使は、あなたを直接、神につなげてくれます。思いを言葉にすれば、必ず聞き届けられます。

441

天使があなたに、自分の力強さを思い出してほしいと
願っています。自分の内なる強さを思い起こし、その
強さを世界中に送りましょう。

442

天使は、人間関係や心に関わるすべての事柄を導いて
いることを、あなたに知っておいてほしいと思ってい
ます。

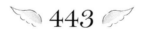

443

あなたの天使は、あなたのエネルギーが格上げされる
手助けをしています。この時期、新たなつながりがで
きあがりつつあります。

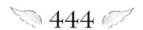

444

あなたは10万もの天使に囲まれています。奇跡はあ

なたの目の前で起こっています。

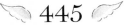

445

大天使たちがあなたを導いています。今、あなたは光、強さ、癒しに満ちた存在です。

446

あなたの天使は、あなたが元気に復活するために、今はいったん休憩するようにと告げています。成長にはバランスが大事です。

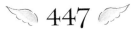

447

あなたの天使が、あなたの祈りや意志、洞察と、あなたが成長する機会をつないでいます。新たな境地を楽しみましょう。

448

あなたの天使は、あなたの意志と聖なる法則に従って進む道ができあがることに気づいてほしいと思っています。

449

あなたは天使や聖なる母と接しています。愛を与え、受け取りましょう。

450

神と大天使ミカエルが、あなたが直面している恐怖、挑戦、苦難を乗り越えられるよう助けてくれています。自分は安全なのだと確信しましょう。

451

あなたに必要な奇跡が起こるような変化の訪れに向けて準備をしておきましょう。

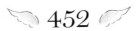

452

天使のもたらす知恵が、あなたが心に抱いている真実を人と分かち合うように、とすすめています。心を開けば、あなたに聖なる導きがもたらされます。

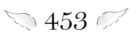

453

天使はあなたに、導きと助けを得られるよう自分の計画と意図を明確にすることを求めています。

454

あなたが輝き、人を助け、愛に向かって進めるよう、自分の人生を自分でコントロールしようとするのをやめて、天使にまかせる時期です。

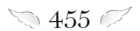

455

あなたが豊かに成長できるような道筋を歩んでいくための、大きな変化が起こりつつあります。

456

天使はあなたに、優しさと思いやりのエネルギーを持つようにすすめています。攻撃された、という感覚は捨て去りましょう。

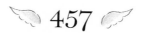

457

自分に与えられたスピリチュアルな才能を表に出せば、スピリチュアルな助けとなるような波が日常にやってくるでしょう。大天使に、あなたの才能を大切にできるよう助けを求めましょう。

458

あなたが成長する道筋を歩み続けられるよう、スピリチュアルな癒しのエネルギーがあなたを取り囲んでいます。

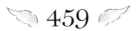

459

あなたの天使は、あなたに奇跡が起こる準備をするよう求めています。

460

神はあなたに、自分自身を大事にするよう求めています。なぜなら、あなたが歩む旅では、次の段階に進む力をつけることが絶対に必要だからです。

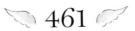

461

心の中にある自分自身の理想に自分が癒やされることに気づきましょう。自分を自分の内側から、優しく勇気づけましょう。

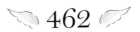

462

あなたの助けにならず、自分を大きな存在には感じられないような人間関係を断つことが求められています。

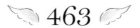

463

あなたの天使は、自分の身体を大事にするために、できることをすべて実行するよう求めています。そうすれば、この先の道筋が明確になります。

464

あなたの天使は今、あなたとともにいます。天使に助けを求めて頼りましょう。

465

奇跡を経験すると、奇跡は起こせるということ、それを体験するだけの価値が自分にあることを信じられるようになっていくでしょう。

466

あなたの天使が、ここから先に進むためにもっと情報を集めることをすすめています。

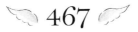

467

あなたの天使は、「あなたには人生に奇跡を引き起こす力があるということを思い出しなさい」と言っています。自分の魔法の力を信じましょう。

468

あなたの天使があなたを助けてくれています。あなたのエネルギーや日常で、下がってしまった波動を、天使が打ち消してくれていることに気づきましょう。

469

あなたは、学ぶべき重要なことに直面しています。心を開いて、学ぶべきことに含まれている情報を受け入れましょう。

470

神と天使は、あなたがさまざまな謎をとくことができ

るように助けてくれています。

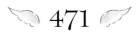

471

あなたの天使は、あなたに地上の指導者、教師、ヒーラーになるための力をつけてほしいと思っています。あなたに与えられた才能は、人々に与えるためのものだということを忘れないように。

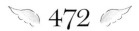

472

あなたの才能は、他人のために使わなければ、才能とはなりません。自分の才能を人のために使いましょう。

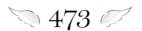

473

あなたの天使は、あなたが次の段階に進むには、許すことが重要な課題だと告げています。

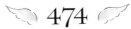

474

あなたの天使は、あなたの夢が叶う手伝いをしています。揺るがぬ信念を持ちましょう。

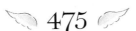

475

大きな変化を引き起こしたり、大きな力を持ったりすることには責任が伴います。落ち着いて、神とともに前に進みましょう。

476

あなたの天使は、あなたに恐怖心が湧き上がってきたときには、それから何を学ぶべきかを教えてくれています。あなたの中に愛があれば、不可能なことはありません。

477

あなたにはこの時期、エネルギーや実現の法則とのつ

ながりができています。自分が現実に経験できるよう、
祈りは聞き遂げられたのだと思いましょう。

478

あなたの天使は、「地球と再びつながってください」
と告げています。自分の道筋に戻るには地に足をつけ
ることが大事です。

479

天使の導きが、「あなたが自分の中にある最も正しい
状態と同じ方向に進めるよう、自分の内なる師を解放
してください」と告げています。

480

どんな変化も偶然に起こることはありません。あなた
の前に続く道は、自分の最も正しい状態に続いている
と信じましょう。

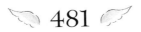

481

天使が、「昔と同じことを繰り返さないよう、あなたが以前に学んだことを思い出してください」と励ましています。

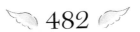

482

あなたの天使は、「自分の道筋を進み、自分のためになることをしましょう」と言っています。他人に合わせて自分の夢を小さなものにしたりしないように。

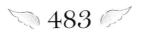

483

あなたは成長するために存在していますが、間違いを犯さずに成長することはありません。あなたの天使は、「何が起こってもあなたが愛されていることを忘れないように」と告げています。自分が犯した罪によって起きたことは神にまかせましょう。

484

「天国の存在を信じるように」と告げられています。
あなたの天使がそばにいて、あなたの代わりに働いて
くれています。

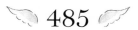

485

あなたは、愛し愛されるために生まれたことを思い出
してください。この真実を知る助けとならない状況か
らは退きましょう。

486

あなたの天使は、答えは「ノー」だと言っています。もっ
と「ノー」と断れるようになりましょう。

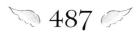

487

人生という旅においてのあなたは、教師や指導者であ
り広報係でもあるとされています。立ち上がって、あ

なたの声を聞いてもらいましょう。

 488

あなたの天使は、「教えることは学ぶことだと思いましょう」とあなたに告げています。あなたはもっと輝くべきなのです。

 489

あなたの天使は、あなたが心の洞窟に入るのを待っています。心の中に入る時間をつくりましょう。そこで愛があなたを待っています。

 490

あなたはハイヤー・セルフ（より高い次元の自分）と調和し、神に導かれています。

# 491

天使は感謝とともに、あなたには灯台の役割があると
告げています。

# 492

あなたの天使は、あなたに呼吸をしなさいと告げてい
ます。先に進む前に冷静になって、落ち着きましょう。

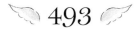# 493

あなたは天国の愛する人とつながっています。日々の
祈りが、守護霊のようにあなたを守っているのです。

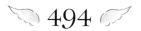# 494

あなたの天使は、「本当の自分を出しましょう」とあ
なたを励ましてくれています。本当の自分を隠し続け
るのをやめる時がきました。

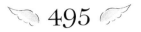

495

魂を成長させるための変化を促されています。あなたは明るく輝くために生まれてきました。

496

神と愛に近づけるようなこととつながりましょう。それ以外のものはすべて捨て去りましょう。

497

あなたのエネルギーが上がり始め、調和した状態を体験できるような新たな機会が目前に迫っています。

498

あなたは自分自身を知り、本当の自分につながることのできる聖なる空間にいます。自分が進んでいる道筋は、導かれたものだと知りましょう。

# 499

あなたの天使は、あなたの内なる声と直観に直接語り
かけています。この時期、あなたの中から湧き上がっ
てくるものを信じましょう。

500

神がこの先の道を準備してくれています。奇跡と豊か
さを経験する準備をしましょう。

501

神は、あなたが光と女神と同調してなす、すべてのこ
とを助けてくれています。

502

あなたの他人との関係やつながりが変化しつつありま
す。神がこの変化を助けてくれていると信じましょう。

503

この時期のあなたの成長は、神があなたと最善のこと
のために働いてくれていると信じる力を、あなたが
持っているかどうかにかかっています。

504

天使はあなたのそばにいて、大切なことは大事にし、そうでないものは切り捨てるよう導いています。

505

自分が導かれていると感じる変化を信じましょう。なぜなら、それらの変化は神によるものだからです。あなたには豊かさを実現する力があるのです。信じましょう。

506

あなたの成長は、あなたがどれだけ喜びを体感しながら日常を生きているかにかかっています。できるだけ喜びを経験し、人と分かち合うようにしましょう。

507

奇跡が生み出される余地をつくるように告げられてい

ます。あなたにそれができたとき、奇跡は起こります。

508

あなたを元気にしてくれることや、目的意識を持って取り組めることに集中しましょう。それ以外のことは神にまかせて、道を歩みましょう。

509

あなたは何かとても重要な存在とともにいます。耳を澄まし、心に伝わってくる神からのメッセージを受け取りましょう。

510

あなたが一生懸命成長しようと取り組んでいることが伝わりました。自分がつねに聖なるものとつながっていること、それを経験できるのは自分だけなのだということを覚えておきましょう。

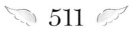

511

世界の中の光になるというあなたの決意は、それを最も必要とする人たちの心に変化を起こします。そのまま頑張りましょう。

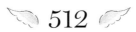

512

自分が今、抱えている問題から少し距離を置くための時間をつくりましょう。優しい気持ちを持って前進しているのだということを示しましょう。

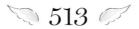

513

成長したい、豊かさを享受したいという気持ちと努力が、この先の道を切り開きます。自分がどう成長できるかに集中し、光に導いてもらいましょう。

514

あなたの天使たちは、あなたが最高に良い状態でい続

けられるよう励ましています。あなたは自分に何ができるかを知っている、人々の手本となる存在です。

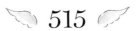

515

変化はあなたがつくり出すものです。今起こっている変化は、成長して本当の自分になる機会をもたらすものだという視点で見つめてみましょう。

516

時間をとって、あなたに本当の喜びをもたらす経験とは何かを考えましょう。光の道を進むのを邪魔しているように思えるものが、実はあなたがこれから進むべき方向を知らせてくれるかもしれません。

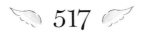

517

あなたが迎えたエネルギーの変化は、あなたの現状と関係があります。誰かとのつながりを切って解放するよう導かれています。それができれば、あなたに必要

な奇跡と解決策が見えてくるでしょう。

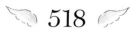

518

自分が欲しいものにとらわれるのではなく、必要なものを求めることが大事です。自分が健康でいられるように神にまかせましょう。

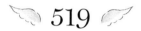

519

あなたの天使は、「リラックスしてゆっくり呼吸をするように」と導いています。あなたは自分が正しいとか自分に力があるということを証明する必要はありません。あなたが成し遂げたことが自然と周りに伝わります。

520

あなたにとって神とつながっていることが何より強い力となります。おかえりなさい、愛にあふれた故郷に。

521

あなたは自分の価値観で他人を見ています。善し悪し
を判断するのをやめて、世界を愛のまなざしで見ま
しょう。

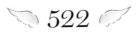

522

あなたは今、強い許しのエネルギーに満ちた空間にい
ます。許すことで、あなたは何ものにも傷つけられる
ことなく、何ものもあなたの魂を汚すことはできない
のだと思い出せるでしょう。

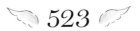

523

あなたは前進し、ステップアップしているところです。
正しい道を歩んでいることに気づきましょう。

524

天使は、あなたとあなたの大切な人が、もっと調和の

とれた平穏な状態でいられるように助けてくれています。

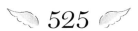

525

健康的で、奇跡的で、希望にあふれたエネルギーが、あなたと大事な人との関係を包んでいます。それらすべてを大切にすることが重要です。

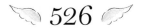

526

あなたは、光り輝いて喜びにあふれるために生まれてきました。人間関係が自分にとって最善のものかどうか考える時間をつくりましょう。

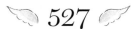

527

あなたの現状は、あなた自身の内に秘めた感情が表に現れたものです。大切なのは心を開くことです。そうすれば、これから先の道筋が明確に見えてくるでしょう。

528

天使はあなたを愛し、大事にし、あなたにも自分自身
を優しく大切にし続けてほしいと願っています。あな
たが自分を大切にすると決めたら、天使たちは大喜び
するでしょう。

529

あなたは、人生において大事な女性との関係を改善す
るための「変化の時」を迎えています。母なる癒しは
いつでもどこにでもあります。

530

キリストと神は、あなたが向き合うべき変化へとあな
たを導いています。心からそれを信じ、自分の内なる
知恵を決して疑ったりしないようにしましょう。

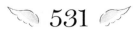

531

光の番人が今、目標と定めたところに向かって進むあなたの決心を祝福しています。あなたは、その道を続けて歩むようにとすすめられています。

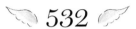

532

あなたの天使は、「より高い次元の力を信じて、まかせましょう」とあなたに告げています。愛を受け入れれば、助けを得られるのですから。

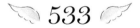

533

あなたは上昇への階段を上っており、昔いじめられたときに感じ、あなたを縛ってきた恐怖心から自由になれるでしょう。キリストに助けを求めましょう。

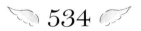

534

アセンデッド・マスター（天界にいる高貴な魂を持つ人々）

とガイドが今、光と愛をもって、あなたのおかれている状況に助けの手を差しのべています。今あなたが歩んでいる道は祝福されています。

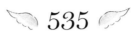

535

あなたの成長の道の基礎となるのは、喜んで努力をするあなたの姿勢です。天使は、あなたがその気になって自分の旅を歩む準備をするよう促し、導いています。

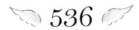

536

天使は、あなたが喜んで誰かと自分の才能を分かち合い、才能を人に認めてもらうことでチャンスがやってくることを思い出してほしいと願っています。

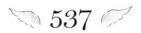

537

前進して、もたらされたチャンスを受け入れることが、あなたの魂の成長につながります。

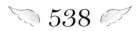

538

あなたがたどっている旅は永遠に広がり、続いていきます。時間をとって、自分がどれだけ進んできたのか、自分がどういう存在になれたのかを見つめてみましょう。

539

天使が、前に進むには、あなたの親戚、特に女性親族とつながるようにすすめています。

540

天使は、あなたの変化の望みを聞きました。神の秩序は、あなたが前進する際に助けてくれます。

541

求めている変化を自分から起こしましょう。あなたが歩む一歩一歩に神はともにいますが、まずは自分から

一歩踏み出しましょう。

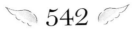

542

調和と平穏な人間関係を得るために必要なことを、もっと心を開いて受け入れ、正直になるように、と告げられています。もっと話をしましょう。

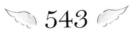

543

あなたの天使は、変化することを決めたあなたを認め、あなたが成長してますます大きな存在となるよう導いています。

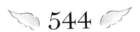

544

天使は、あなたが安心して、豊かさを受け入れるために必要な変化が起こるよう助けてくれています。豊かさへの扉が、まもなく開きます。

545

ミカエルなどの大天使たちがあなたに、成長して大きな存在となり、喜びの道筋に戻るために、現状とのつながりを断つことをすすめています。

546

大天使があなたの心に深く入り込んで、自分がたどり着きたい場所や、どんなエネルギーを発したいかを思い出すよう、あなたにすすめています。

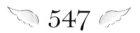

547

天使はあなたが送り出した祈りや意志に従って動き始めました。未来は変えられないものではないと思いましょう。そうすれば、あなた自身や世界にとって最も役に立つ方向へと導かれるでしょう。

548

あなたの仕事とその目的は今、とても流動的です。あなたが生き生きとなれる経験ができるように天使がいつでも働いてくれていることを知りましょう。

549

天使があなたの内なる声に耳を傾け、それに応じた変化に向けて準備を始めるようにと告げています。これは、奇跡的な人生を送るために必要な段階なのです。

550

神があなたの祈りに応えています。期待する気持ちを抑えて、注意深く心を開きましょう。

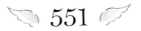

551

あなたの中に光があります。その光は決して消えることがありません。本当の自分を思い出し、その光が必

要な道を照らしてくれると信じましょう。

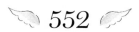

552

家庭やその他の人間関係においても、あなたが行くところにはどこでも光、喜び、平穏がもたらされるように導かれています。

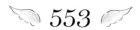

553

あなたが学んで努力していることが伝わり、報われるでしょう。現状を保ちましょう。

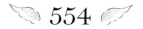

554

努力してできるようになることと、努力なくできてしまうことには、はっきりとした違いがあります。「あなたを助けることができると信じてください」と、あなたの天使が告げています。

555

あなたが努力したことすべてが報われます。あなたは
豊かな生活を手に入れ、楽しみ、それを感じることが
できるでしょう。自分の心と腕を開いて、あなたに今、
与えられている祝福を受け取る意識を持ちましょう。

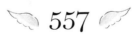

556

受け取るためには、与える準備をしなくてはなりませ
ん。優雅に与え、品位をもって受け取りましょう。あ
なたの才能は人と分かち合い、人のために使ってこそ
生きてくるのです。

557

あなたの信じていることが、実際に経験することにつ
ながります。あなた自身の価値と豊かさに、再びつな
がりましょう。

558

この先の進む道がはっきり見えてくるので、恐れることなく前に進めます。あなたのそばには聖なる愛があることを心に留めておきましょう。

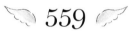
559

本当の自分と身体とには聖なるつながりがあります。健康であることの素晴らしさを感じましょう。

560

あなたの天使は、少し速度を落とすようすすめています。意識を向ける方向をもっとしっかり決めれば、あなたは助けを求めることに心を開けるでしょう。

561

今あなたが取り組むプロジェクトには、あなたの決意と集中力が必要です。「邪魔をしているものを整理し、

自分が成長するのに障害となるものは取り除くように」と告げられています。

562

周りの人々を変えるために、あなたの成長を妨げている古い習慣やパターンをみずから進んで変えましょう。覚えておいてください。人間関係は自分を映す鏡なのですから。

563

あなたが抜け出せないでいる、はるか過去のことを進んで忘れることが、宇宙の助けをより多く得ることにつながります。自分が犠牲になってしまったことは忘れて、ともに何かをつくり出していける環境に入りましょう。

564

あなたの天使は、自分の空間にいて肌で心地よさを感

じられるよう手助けしてくれているのです。そして自分を大切にすることを忘れないように、と。

565

どんな収入や投資に関する悩みも、負債も今、解消されつつあります。必要な答えは今、あなたのもとに届きました。

566

「ものごととちょっと距離を置き、ここから先に進む前にもう少し情報を得てください」と天使が告げています。急激な変化は避けましょう。それが、あなたの回復や成長に影響を及ぼすからです。

567

今は後退することなく前に進むよう励まされています。今日、あなたのために奇跡が起こるでしょう。

568

あなたは今、「壁にぶち当たってひるむのではなく、
信じましょう」と励まされているだけなのです。あな
たが次の段階へと進む行動を始めるまで、その段階の
情報は届きません。それでも宇宙はあなたの味方です。

569

あなたは真に目覚めるべき時期にいます。魂の声がこ
れまでになく大きくなってきます。あなたの内から湧
き上がってくるものを信じましょう。

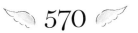

570

神はあなたの祈りを聞きました。求めた助けは、答え
として返ってくるでしょう。

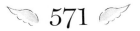

571

今、あなたが直面している状況は、自分の内なる力を

思い出すための教えです。自分に与えられた才能を進んで受けとめ、受け入れましょう。

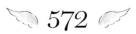

572

今は自分のハイヤー・セルフ（より高い次元の自分）とつながる時間をとりましょう。あなたの魂はずっと昔から存在していて、魂とつながればすべて思い出せるような経験をしてきたのです。

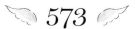

573

あなたの豊かさと、それを他人と分かち合う気持ちがあれば、この先の新たな道筋を、導かれ、助けられていることを感じながら歩めるでしょう。

574

あなたの天使は、「あなたが心惹かれる計画、ビジネス、場所などを先に進めるように」と告げています。あなたは聖なる導きを得ているのです。

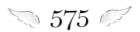

575

あなたは現在、魔法の空間にいます。現状からできる
だけ結果が得られるよう準備を整えましょう。星々が
あなたに好都合な流れをもたらすでしょう。

576

あなたがたどる次の旅は、恐れに進んで立ち向かうと
決めたときに始まります。あなたはひとりではありま
せん。あなたにはできます。

577

この時期、魔法のように不思議なことが起こります。
目の前に現れた女神のすべてを抱きしめましょう。

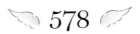

578

私生活に起こるどんな変化も、喜んで受け入れましょ
う。変化は、確かな喜びと充実感をもたらしてくれ

ます。

579

あなたは今、指導者として踏み出し、教師の役割を果たす前例となるようにと告げられています。あなたの力と光が人々を鼓舞するものとなるでしょう。

580

起こした小さな変化が、世界を大きく変えることを知りましょう。神はあなたの努力を評価しています。

581

あなたは、これまで乗り越えてきた挫折や驚くほどの変化を思い出すよう天使に促されています。あなたは奇跡の存在なのです。

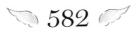

582

人間関係とは、旅のようなものであり、自分自身をもっと深く知るための大事なチャンスだと思い出しましょう。

583

あなたの天使は、「自分が努力していることを認めましょう」と告げています。自分自身と、みずからが成し遂げてきたことを誇りに思いましょう。特に、思うような評価を得ていない、と思っているならば。

584

方向を示してくれる天使が今、あなたと一緒にいて、「どの道を進むか選ぶように」と励ましています。選んだ道を進めば、それが進むべき道だったことがわかるでしょう。

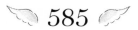

585

地上でのあなたの旅は、楽しむためのものです。何事も楽しんで行えば、豊かになるチャンスへの道筋をつくっていけるでしょう。

586

天使の知恵があなたに告げているのは、「自分がなすことすべてに光をもたらすように」ということです。光の存在があなたとともにいることを忘れずに。光の存在を喜んで受け入れましょう。

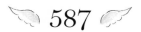

587

あなたの旅において、立ち上がって力を取り戻すようなチャンスが訪れます。言葉を発し、自信を持つ時期です。

588

火の鳥のように、あなたは変化しながら、ずっと避け
てきた場所に向かって飛躍しようとしています。翼を
広げて高く飛びましょう。

589

今、経験していることから、あなたは大事なことを学
び、これまでになく自信が持てるようになるというこ
とを忘れずに。この時期は自分を大事にすることが第
一です。

590

神はあなたがスピリチュアルな道に戻ってきたことを
喜んでいます。本当のあなたと現在のあなたがともに
評価された今、経験してきたさまざまな寄り道が必要
なことだったとわかります。

591

あなたが人生で経験することは、世界に対して影響力のある教えです。あなたの天使は、「世界にとって最善なのは何かに集中することだ」と告げています。

592

あなたは人生の旅に影響を与える人とつきあっています。その人はあなたの成長にとってとても助けになるでしょう。

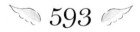

593

あなたのエネルギーはこの時期、アップグレードしています。何かを失ってしまったわけではありません。さらに深いレベルでつながるようになっただけです。

594

あなたの天使があなたのクラウンチャクラ（頭頂部に

あるエネルギーの出入り口) を開いて聖なる導きを得られ
るようにしています。魂の記憶もよみがえります。

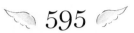

595

あなたのチャクラ (体の中心線上にある7つのエネルギーの
出入り口) がきらめく光で輝いています。これからさ
らに高い目標を目指して、有力な情報に向けて心が開
かれます。

596

あなたのスピリチュアルな部分は、回復するには少し
時間と場所が必要です。あなたはよく頑張ったのです
から、少しはゆっくりして楽しい時間を過ごすことも
必要です。

597

この時期のあなたのエネルギーは、黄金の光とチャン
スによって、力強い天使をも磁石のように引き寄せて

います。

598

才能をさらに花開かせたいというあなたの努力が認められました。チャンスへの扉も窓も、すべてあなたのために開きました。

599

あなたは深い知識とつながれる場所にいます。あなたに流れ込んでくる聖なる知恵を信じましょう。

600

神がこの時期、あなたのエネルギーを蓄えてくれています。呼吸をしっかりすれば、回復できるでしょう。

601

あなたは自分の中心とつながるよう促されています。自分自身に素直に、我慢強く、時間をかけて向き合いましょう。今は癒しの時間が必要です。

602

今のあなたには友情と人間関係を深める時間が必要です。誰かと会うことがあなたのためになります。あなたには与えられるもの、共有できることがたくさんあります。

603

あなたは気づきの波を経験しています。自分の考察や

未来に聖なる息吹が吹き込まれるのを感じましょう。
聞こえてくるメッセージを信じましょう。

604

あなたの天使が、あなたのエネルギーに優しさが加わ
るよう働きかけています。時間をつくって、自分が引
き上げられエネルギーが充電されていることを感じる
必要があります。

605

あなたが豊かになる道は、さえぎられているわけでは
ありません。落ち着いて自分の意志を現実的なものに
するようにと促されているのです。

606

あなたの抱く未来、目的、ゴールは、神の向かう方向
と一致しています。あなたは力と愛で支えられていま
す。

607

あなたは、魔法の力と魂の力に同調できるよう導かれています。自分が天国と地球との両方につながっている存在だということをしっかり思い出しましょう。

608

あなたには変化を起こすチャンスが訪れています。自分には新たな場所で新たな考えを持ってスタートできるチャンスが与えられていると気づきましょう。

609

あなたの魂には重要な情報がダウンロードされています。内なるメッセージを受け取る静かな時間をつくりましょう。過去世での出来事への癒しが今、始まろうとしています。

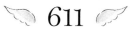

610

あなたのエネルギーが、神やあなたの魂の目的と一致
しています。あなたは正しく行動し、正しい道を歩ん
でいます。

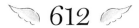

611

自分があらゆる命と光とともにあるという聖なる気づ
きを通して、あなたの心、魂、人生は広がり、成長し
ています。

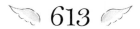

612

あなたの心は、人間関係において我慢せず、正直であっ
てほしいと思っています。その人間関係から生じたス
トレスから解放されましょう。

613

あなたの成長には自分自身に正直であることが欠かせ

ません。自分自身をチェックして、健康と自分を大事
にすることを優先しましょう。

614

天使は、あなたが自分自身とつながって、この先を進
むために必要なことを思い出すようすすめています。
他の何よりも自分のエネルギーの補充が第一です。

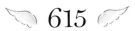

615

豊かさとは、自己評価を高く保つエネルギーです。天
使の知恵はあなたに、「自分の内を深く見つめ、自分
が豊かさに値することを思い出してほしい」と告げて
います。

600
~
699

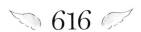

616

宇宙があなたに、精神的にも感情的にも健全でいられ
ることをするように言っています。自分のための場所
をつくりましょう。

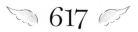

617

あなたが過去の扉を閉じるまで、未来への次の扉は開きません。天使の知恵は、「あなたの喜びや成長を邪魔するものすべてを、優しく手放しましょう」と告げています。

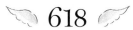

618

あなたの天使は、次に進む前にあなたに喜びと楽しみをもたらすものとつながることをすすめています。喜びと悲しみのどちらかを選ばなくてはならないなら、喜びを選ぶようにと強くすすめています。

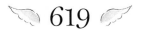

619

あなたの力は、物事をやるか、やらないかを決めるためにあります。結果を手にするために現状をコントロールしましょう。

620

あなたは、過去のよくない人間関係のせいで、神との
スピリチュアルなつながりが断ち切られてしまってい
たことを乗り越えようとしています。神は、あなたと
のつながりを取り戻せたことを喜んでいます。

621

あなたは、自分自身とのつきあい方が進歩しました。
あなたは自分をとても大切にできる状況にあります。
自分にはそれだけの価値があることを知りましょう。

 # 622

この時期、私生活での人間関係に調和とバランスがも
たらされています。愛することを邪魔するものはなく
なりました。

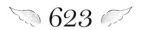

623

あなたの周りを上昇気流が取り囲んでいます。コミュニケーションや理解を妨げていたものはなくなりました。

624

あなたの天使たちが集まり、「自分の好きなことをやってください」とあなたに告げています。今は羽を広げて、空高く舞い上がるときです。

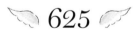

625

天使はあなたに、職場などでのイベントをコントロールしようとするのをやめるようにと言っています。一歩下がって、天からの導きを待ちましょう。

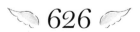

626

あなたの天使は、特にこの時期、「自分を大事にして

ください」とあなたに告げています。身体を動かし、バランスよく行動し、明確に考えられるような余地をつくりましょう。

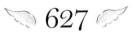

627

あなたの天使たちは、あなたが苦痛や苦労と感じるようなことには「ノー」と言えるように励ましています。そして、成長するには、自分に「イエス」と言えるようになりましょう。

628

天使の知恵は、あなたの役割は幸せを経験してそれを実感することだと告げています。自分が元気になれることや心が弾むことをするように導かれています。

629

思考をまとめ、エネルギーを蓄積して、幸せであることに集中しているあなたに天使が感謝しています。あ

なたの魂は今、光とひらめきに満ちています。あなた
の努力は報われたのです。

630

「つねに最前線で忙しい日々を送って頑張る必要はな
いことを思い出して」と天使が願っています。自分に
自信を持って信じましょう。最近起こった変化は、誰
に起こっても神にとっては喜ばしいことであり、聖な
る計画に支えられたものです。

631

この時期、あなたはエネルギーの洞窟に入っています。
あなたにとって大事なのは、心の中に深く入って、あ
なたに明かされる情報に耳を澄ますことです。聖なる
愛はいつでもあなたの中にあることを思い出しましょ
う。

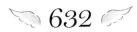

632

あなたが素直になれば、調和とバランスのとれた感覚が円滑な人間関係の中に構築されます。心がおもむくままに、自分が好きな人を楽しませ、本当の自分でいられる人と時を過ごしましょう。

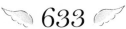

633

この時期、アセンデッド・マスター（天界にいる高貴な魂を持つ人々）があなたのエネルギーをアップグレードしています。あなたは明晰さと、スピリチュアルなビジョンや才能とのつながりを感じています。

634

あなたの天使は、あなたが天国やスピリチュアルな領域とのつながりが強くなるよう、調和をとってくれたことに感謝しています。

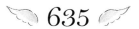

635

天使は、変化のエネルギーを通してあなたを導いています。喜びをもっと感じられるよう、自分の才能を表に出す決心をするよう励まされています。

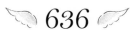

636

おかえりなさい、あなたの故郷に。やっとまた愛の空間に戻ってきたようですね。自分自身を受け入れたあなたの周りを天使が踊りながら囲んでいます。

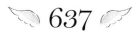

637

あなたの魂と世界にとって最良のタイミングで、あなたの意図と祈りが現実となります。あなたの天使は信じて辛抱強く待つようにと励ましています。

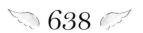

638

あなたの地上での旅は、自分の意識を広げ、さらに高

い目標を達成しようとすることです。あなたは過去世や現世などで、これまでかなり長い間、神や聖霊とのつながりが断たれていました。今こそ、そのつながりを強く取り戻す時です。

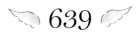

639

「今、受け入れる時間をつくりましょう」と告げられています。これから先に進みたければ、まずは強いつながりを感じて、世界を受け入れることから始めましょう。

640

聖なる愛を体験し、その愛を表現できるように、神と天使があなたの心を開いてエネルギーを与えようとしています。あなたという存在は、世界にとって贈り物のようなものなのです。

641

自分の才能を低く評価しないように。あなたにはこの世に特別な光と才能をもたらす力があります。天使はあなたとともにいて、あなたを励まし続けています。

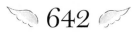

642

天使は、「あなたが探し求めている答えは、あなたの中にある」と励ましています。答えを自分の外に探すのをやめて、自分の中に探しましょう。

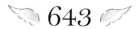

643

自分の内側から湧き上がってくるものは正しいのです。天使の知恵は、「あなたの内側から湧き上がってくるメッセージを信じて、それに従うように」と伝えています。

644

あなたの天使は、あなたのためにやってきた先祖からの深い愛とのつながりをさらに実感できるように、ハートチャクラ（胸の中央にあるエネルギーの出入り口）を開いてくれています。

645

大天使ミカエルとラファエルが、あなたのそばにいます。あなたが癒しのエネルギーに囲まれ、守られていることに気づきましょう。

646

「ここから先に歩み出す前に、時間をとり、しっかり呼吸し、今自分がいる場所を確かめるように」と天使がすすめています。あなたは、注意深さと我慢強さこそが自分の力だということを思い出そうとしているのです。

647

あなたの天使は、あなたに前進するよう告げています。
前進する許可を待つのはやめましょう。あなたは奇跡
的な瞬間にいるのです。

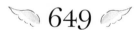

648

今、あなたがたどる道には何の障害もありせん。あら
ゆる苦労や障害、心配は消え、再びすべてとのつなが
りが感じられるようになりました。

649

あなたの天使は、湧き上がってくる感覚を誇りに思う
ようにと告げています。その感覚は、魂の成長を示す
メッセージを伝えるものです。

650

神はあなたに答えを与えています。奇跡や、あなたが

必要なものはすべて与えられ、あなたの気持ちを高ぶらせることでしょう。

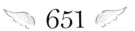

651

大天使たちはあなたに、自分の意思の強さを思い出すよう求めています。あなたの内なる強さにつながりましょう。自分にその強さがあることを思い出しましょう。あなたはたくさんのことを乗り越えて、たくさんのことを創造してきたのです。

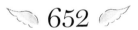

652

あなたが大事に思う人だけでなく、挑んでくる相手とも平穏な人間関係を築くよう励まされています。あなたがどこにいても、心に天使がいることを感じましょう。

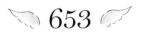

653

あなたは自分のエネルギーと才能を強化しているところです。自分が後退していると感じたり行き詰まって

いる感覚があったりしても、それはあなたの波動が高まるようにエネルギーが再構築されているからです。

654

あなたの天使は、「どんな苦労もこの時期のあなたに必要なものであり、天使が支えています」と伝えています。新たな人生のための余裕と、奇跡が起こるための余地をつくりましょう。

655

他人からの助けと豊かさを体験するチャンスが、ひんぱんに訪れています。あなたは、地上で愛を分かち合えるような経験を再びできるようになり、人生に祝福がもたらされます。

656

あなたは過去に、自分の健全さをたくさん犠牲にしてきました。もうその必要はありません。愛することを

もっと大事にして生きる時がきています。

657

あなたの心は愛について、とても大事な学びを繰り返してきました。天使の知恵は、あなたが求めた愛は自分の内にあり、それを見つけて外の世界に表すために生まれてきたことを思い出してください、と告げています。

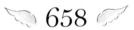

658

あなたのエネルギーが、さまざまなチャンスと喜びへの道を示してくれています。間違った選択などありません。あなたのどんな行動も、自分の目的へと近づき、充実した日々につながるものだと思っていましょう。

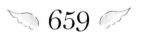

659

あなたのエネルギーは成長し、スピリチュアルな気づきがどんどん増えています。あなたの最近とった行動

や選択は、愛に満ちています。あなたの内なる師が、
大きな声ではっきりとあなたにそう伝えています。

660

神は、この先へと進む前に熟考するようにすすめてい
ます。

661

神はあなたに、自分は責められているのではなく、す
でに許されていることに気づいてほしいと思っていま
す。さあ、今度は自分で自分を許しましょう。

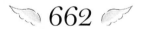

662

目の前で起こっている事柄は、あなたには他人との関
係において、もっと相手を理解し許すことが必要なの
だという教えなのです。人を許すことは、みずからの
自由を手に入れることでもあるのです。

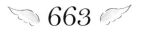

663

この時期、あなたのエネルギーには、実直な集中と注意が必要です。あなたのエゴが望むことや、守れない約束をするより、本当の意味で喜びを感じられるような道を歩むことが大切です。

664

天使の知恵は、この時期あなたに、自分の魂の声を聞くのに、自分の周りにいる人を選ぶように告げています。

665

必要だと思う変化は自分で起こすように、と励まされています。みずから行動すれば、たとえ失敗しても、自分にとって最善の結果と自由がもたらされるからです。

666

立ち止まりましょう。即決しないようにしましょう。
あなたは自分のエゴにコントロールされ、恐怖と傷つ
いた心に引っ張られています。けれどもあなたには、
それらを乗り越える力があります。神の光を呼び込み
ましょう。

667

あなたは絶望と恐怖という手ごわい呪縛から抜け出そ
うとしています。みずからの光と才能を信じましょう。

668

自分に優しくし、大切にし続けましょう。それがこの
先のあなたの道を照らしてくれます。ものごとがもっ
と明るく容易になるでしょう。

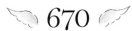

669

現在の最悪な状態は過ぎ去りました。今やあなたは本当の自分に戻ろうとしており、エネルギーが満ちてきて、勇気をもってここから進むのです。

670

神はこの時期、光と力に満ちてあなたを包んでいます。今の状況から生まれうる、可能な限りベストな結果に気持ちを集中させましょう。信じましょう。

671

この時期、あなたの周りを希望のエネルギーが囲んでいます。あなたの祈りは聞き届けられ、答えがもたらされたと信じてください。必要な解決策はあなたの手の内にあり、まさに解き明かされようとしています。

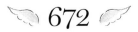

672

あなたの思考と意図は、周りの生命の流れに向いています。あなたが成長するには、愛をもって人間関係にあたることが必要です。

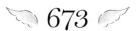

673

あなたの魂は、あなたの進む道筋をきれいに照らしています。あなたは奇跡を完璧なタイミングで起こすでしょう。

674

天使は、あなたにさらに大規模な計画に加わってほしいと思っていますが、それにはあなたの同意が必要です。天使に呼びかけ、あなたの目的と魂の成長の支えとなってもらいましょう。

675

あなたが起こした変化を、神と天使は歓迎しています。あなたには次の一歩が見えてくるでしょう。この先、大変苦労するかもしれませんが、没頭すれば必ずゴールに近づけます。

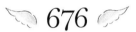

676

この時期、あなたは自分の人生の目的をしっかり思い出し、地に足がついた感覚を得ています。天使の知恵は、かつてあなたがやる気だったことを途中でやめないようにと告げています。いまだ終わらせていない事柄を整理しましょう。

677

あなたが求めていたものが今、手もとに届けられつつあります。あなたの人生に奇跡が起こり始め、あなたの祈りは聞き届けられます。祝福をかみしめましょう。

678

まもなく、あなたが自分自身と仕事とで成長できる
チャンスが訪れます。集中した状態に入り、これから
先のわくわくした道筋を進む準備をしましょう。あな
たは成功への階段を上り始めているのです。

679

あなたのハイヤー・セルフ（より高い次元の自分）と内
なる知恵が今、あなたにチャンスの到来を知らせてい
ます。あなたが助けを得て、信じる気持ちを飛躍的に
深めるように天使が導いています。

680

あなたが現在、焦点を絞っていることや、選んだもの
を神が支持しています。あなたが進む道は愛の力で祝
福されています。神の助けを大事にしましょう。

681

あなたの目の前にあるメッセージ、ある種のパター
ン、教訓に対して、時間をとってゆっくり理解を深め
ましょう。あなたが巡らす思考と意図が自分の経験を
つくり出すことを忘れないようにしましょう。

682

あなたの天使は、あなたが旅の途中にいることを思い
出してほしいと願っています。誰かの旅を頼りにして、
誰かがあなたに手を差しのべてくれるのを待つのはや
めましょう。というのも、自分の旅は自分の夢を果た
すためのものだからです。自分の才能と能力を信じま
しょう。

 # 683

あなたが犯したかもしれない過ちや、過去の挫折に愛
を送り、理解するよう求められています。あなたはそ
の時点でできることはやったのです。過去は水に流し

て、新しい物語を始めましょう。

 684

これから先の未来、自分の持っている才能を発揮することが大切になってきます。あなたの天使があなたを支えています。

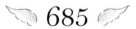 685

変化することは悪いことではありません。それは祝福なのです。天使の知恵は、あなたが歩む道筋でさまざまな変化を経験するだろうと告げています。あなたの前にある道は、つねに最善のものであると信じましょう。

 686

この時期、あなたにとって教訓となるような出来事が起こっても、それは後退したのではなく、進む道筋を明確に理解するためのものです。自分の現状や思考の

解決法を探るには、この先に進む前に自分の中にある
力でやり抜くことが大事です。

687

あなたの天使は、現状ではあなたが指導者となってい
くことが必要だと励ましています。みんなと分かち合
うメッセージや教訓は、あなた自身にとって耳を傾け
る必要のあるものです。

688

あなたの進む道は神と天使に祝福されています。黄金
に輝くチャンスが訪れようとしています。奇跡が起こ
ると期待しましょう。

689

自分の心の中の洞窟に戻ってきました。あなたは本来
の自分に戻ろうとしています。そして愛こそ本当のあ
なたの姿なのです。

690

神は今のあなたを誇りに思っています。よくここまで
自分を信じることができましたね。

691

成長したいという魂からの決意が聞き届けられまし
た。この決意は、あなたが自分をもっと深く理解し、
神や天使への理解を深めるために重要なことです。

692

すでに知っている人や新しい人との出会いで、愛を感
じる機会があります。すでに知り合いだった相手で
あってもなくても、あなたにとって今は人を愛する時
期です。

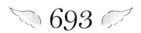

693

あなたが人を愛し、人から愛されるために必要なこと

は、自分に愛されるだけの価値があるかどうかです。
あなたにはその価値があります。愛はあなたのもので
す。愛は生まれつきあなたが持っているものです。

694

あなたの天使は、あなたが定期的に天使とつながって
メッセージを受け取っていることに感謝しています。
もし今、メッセージが降りてきたなら、それは天使か
らのものだと思ってください。

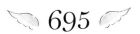

695

宇宙は、あなたがどれほど気づきを得て、自分が成長
すると決めたのかに応じて、進む道筋を決めています。
自分に不可能なことは起こるはずがないと信じましょ
う。自分の意思とつながりましょう。そうすれば不可
能を可能にするほどの素晴らしい力が湧いてきます。

696

あなたの天使は、たとえ最近遅すぎると感じていたと
しても、人生はその速度で流れているのだと信じてほし
いと思っています。つねに頑張っていなくてはならな
いという気持ちを捨て、ときには遅いぐらいがもっ
と何かを生み出せることもあるのだということを忘れ
ないようにしましょう。

697

あなたの夢、願望、目標はこの時期、あなた自身が成
長すると決意すればするほど、次々と実現します。そ
の祝福を楽しみましょう。そして自分には力があり、
美しく、ふさわしい魂を持っていることを思い出しま
しょう。

698

あなたの進む旅が加速し、探し求めている道が目の前
に広がっています。聖なる計画を信じ続けてくれたこ

とに感謝します。

699

あなたの内なるブッダが今、活動を始めています。自分が感じ、受け取る哲学的思考や洞察を信じましょう。それらはあなたの魂の記憶によって生まれたものです。

700

神があなたのそばにいて、あなたの一歩一歩に寄り添ってくれています。必要な奇跡はすでにあなたのもとにあります。自分に世界を明るくする力があることを信じましょう。

701

この時期、あなたの周りにある意志と実現のエネルギーが強まっています。自分の進む道筋に意識を向けましょう。

702

あなたの人間関係がうまくいくように神が助けてくれています。あなたが大事に思う人との愛がより深まるチャンスだと思いましょう。

703

あなたの目の前に将来へのビジョンが次々と広がります。聖なる知恵が「最善の結果が訪れるよう、モチベーションを保ち、集中し続けてください」と励ましています。

704

あなたの天使が現れた証拠が物質として現れます。目と心を開いて、これまでとは異なる視点で周りを見回し、天使が支えてくれていることに気づきましょう。

705

あなたはこの時期、星からのエネルギーを引き寄せていて、視野をこれまでになく広く持つようにと励まされています。

706

あなたの奇跡を起こす力は、人生で経験したさまざまな感情をきっぱりと捨てることで解放されます。自分の力を自分の手に取り戻しましょう。

707

神はあなたの祈りを聞き入れ、最善をもたらす奇跡が起こると信じれば、あなたの周りで真実が明らかになり始めます。魔法を堪能しましょう。

708

あなたは自分の身体と命を守らなくてはなりません。天使の知恵は、「周囲の犠牲になったりせず、自分の意図と行動をあなたを前進させてくれるようなエネルギーと一致させることを忘れないように」と告げています。

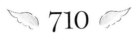

709

この時期あなたが経験していることは、あなた自身の魂とその成長のためのものです。新しいチャンスに心を開き、新たな道を前進しましょう。

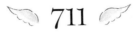

710

神の力はあなたの中に宿っています。あなたはスピリチュアルな経験をしながら成長できるでしょう。

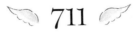

711

宇宙は、あなたの努力と冒険の先に広がっています。ワンネス（ひとつであること）の力があなたの心に入り込んで、人生に画期的な変化をもたらす手助けをしています。変化が起これば、あなたの成長の助けとなり、世界が癒やされることでしょう。

712

身近な人との関係は大切です。私生活でも職場でも、今ある関係に光をもたらすことを忘れずに。あなたが学んでいる教えは、人生で今始めなくてはいけないことなのです。

713

この時期、周りが動きだして、前進している感覚がします。ちょっとしたシンクロニシティー（意味のある偶然の一致）が大きな奇跡へとつながります。あなたの信じる心は報われ、あなたの天使は、「今のポジティブな感覚でいてください」と告げています。

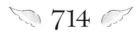

714

あなたの天使は、あなたが前進するための旅を喜んで手助けしています。前もって細かいところまで準備する必要はありません。ただ、必要な助けを求めれば、あなたの前に進むべき道が示されるでしょう。

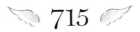

715

あなたの天使が、あなたに最近起こった奇跡を祝福しています。今、経験していることはすべて、あなたが宇宙の創造力とつながっていることを思い出すためのものです。

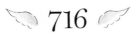

716

あなたの天使は、あなたが回復して元気になり、再び自分たちとつながるよう助けてくれています。あなたの次の一歩には集中力とひたむきさが必要なので、エネルギーの補充がなされているのです。嵐の前の静けさというところです。

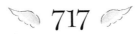

717

あなたが起こす魔法が解き放たれました。今、あなたは魔法の扉を開き、夢を実現していけるようになります。大きな魔法のような変化を導くために、自分の中の思考や感情を高いレベルに保つ必要があります。

718

これまで受けてきた恩恵を感じ、自分のこれまでの道
筋で出合った奇跡を振り返る時間をつくりましょう。
そうすれば、さらに創造的な広がりが生まれるでしょ
う。今は祝福の時です。あなたの人生にすでにある愛
を見つめることから始まります。

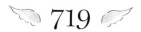

719

自分の力に対する不安を捨てましょう。宇宙の力とつ
ながっているあなたには、いつでもエネルギーが補充
されます。神はあなたとともに、あなたの中にいます。
あなたが才能を発揮するのは、恐怖のためではなく祝
福されるためです。

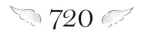

720

今、あなたの人生と人間関係に、神と天使の視線が注
意深く注がれています。大切な人が誇りを持ち、彼ら
にもっと広い意味であなたの人生にかかわってもらえ

るような目標を定めることが重要です。

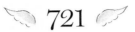

721

あなたはこの時期、宇宙とともに人間関係を築き上げています。これまで、聖なる存在と切り離されている感覚がしていたかもしれませんが、あなたは自分が癒やされていることに気づいているはずです。

722

あなたは自分の旅の重要な地点にたどりついています。自分が価値ある存在だと思えば、誰かから見守られ、思いが聞きとどけられるチャンスが巡ってくるのだということに集中し、自分には誰かから助けてもらえるだけの価値があることを忘れないでください。天使を呼び求めましょう。いつでも喜んで助けてくれます。

723

この時期、エネルギーが上昇し、前進しています。け

れど、自分がどの程度成功しているかを測ろうとする気持ちは捨てて、あなたが地上にもたらすことのできる祝福にもっと集中することが重要です。わずかな一歩でも、一歩には違いありません。天使があなたと一緒にいることを覚えておきましょう。

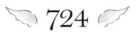

724

今こそあなたは自分を誇りに思い、人からもそう思われる時です。天使があなたを見つめるとき、あなたの偉大さと愛が輝くのを目にすることでしょう。

725

この時期、天使の知恵はあなたに、自分の魂を解放するようにと告げています。ためらうことなく、生まれたての自分を取り戻して、聖なるリズムに合わせて踊りましょう。

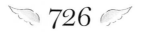

726

あなたの旅は、周りの人々を見回し、受け入れたとき
にもっとスムーズに進めるようになるでしょう。導き
を求めて祈り、信じられる人かどうかは自分の直観を
信じましょう。

727

あなたは魔法使いです。あなたは僧侶です。あなたは
領域の間をつなぐ存在です。天国の力は今、あなたと
ともに、あなたの中にあります。

728

この時期あなたには、自分の本来の目標を思い出すこ
とで、あなたの道筋にわずかな変化を起こせるチャン
スが訪れています。自分の本来の願望を思い出せば、
今ここで起こっていることにどんどん価値が生まれ、
あらゆる必要な変化を起こすことができるでしょう。

729

あなたが神とスピリット（霊）の存在を信じていることが、この先の道筋を見出すためには不可欠なのだと思い出しましょう。どんな疑問もいったん捨てて、信じましょう。

730

あなたが現在、経験していることは、あなたの周りの人に何ができるかを示してくれています。堂々と地に足をつけていることが、あなたの人生に流れ込む祝福の波を感じ続けるために必要です。

731

アセンデッド・マスター（天界にいる高貴な魂を持つ人々）が、あなたがその道を自力で進めるように光で照らして祝福しています。本来の自分に向かって暗闇を抜け出しましょう。光はあなたの内にあります。

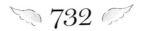

732

天使の知恵は、「癒やされるために許しましょう」と
あなたに告げています。すべてのものが持つ光を見つ
め、愛とつながっていれば、あなたの愛が届かないと
ころはないことを思い出しましょう。

733

キリストと聖霊が、あなたを光で祝福しています。聖
霊はつねにあなたの後ろにいて、あなたの愛が広がる
につれて奇跡が自然と起こり始めます。愛は本物だと
信じましょう。

734

天使たちは、あなたへ送るエネルギーを通じて、あな
たが今いる状況も含むすべての真実を明らかにします。
す。じっくり時間をかけて、天や天空の領域から伝わっ
てくるものを深く洞察して解き明かしましょう。

735

今のあなたは、無限の豊かさを経験する時期にいます。自分の進む道筋にあった障害は今や取り除かれ、スピリチュアルな領域からの手助けが増えます。その助けが目の前にもたらされるときに起こる変化を、大事に思うことが大切です。

736

あなたは今、影響を受けやすいので、もっと上手に自分を守るすべを身につけるよう導かれています。自分のエネルギーを大事にし、自分の心の状態を健全に保つことが大切です。過去からつながったままのコードを切り、天に最上級の保護を求めましょう。

737

「冷静に、動揺しないように」と天使が告げています。女神はあなたの中にも他の人の中にも存在すると信じましょう。そして、その光に集中しましょう。あなた

が女神の光とつながっている限り、祝福が生まれ、夢を実現できるでしょう。

738

天国の存在を信じましょう。そうすればあなたは安全だと告げられています。天使はいつもあなたとともにいて、すぐそばに立っています。天国までの旅に対する不安をすべて切り捨てましょう。そうすれば、進むべき道が見えてきます。

739

この時期、あなたの心が目覚めます。そして聖なる女性のマスターたちが、あなたに聖なる愛を受け入れるようにと告げています。受け取ることと、与えることのバランスが大事だということがわかるような重要な教訓が、目の前に現れることでしょう。

740

神と天使は、あなたに今、「地球とつながってください」とすすめています。あなたが地に足をつければ、自分が進む旅についての重要な情報が得られるでしょう。

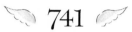

741

あなたの天使が、天使の愛の目で自分を見ることができるように助けてくれています。あなたはこれまで過去の恐怖心や、苦手を克服してきた自分を評価しています。あなたが誰かの役に立とうとしているときに、新しく発見した自分がチャンスを見出すでしょう。

742

この時期、あなたの天使は、さらに高度な学びがあると信じるよう励ましています。これまでのさまざまな経験を自分の学びととらえることが大切です。さらなる内なる学びが、あなたの成長には必要です。

743

この時期、自分の中にあったのに、隠されたり忘れ去られたりしていた側面を思い出してください。あなたの守護天使が、あなたがより深く、わくわくしながら、不思議を見つめるような目でみずからを見直すようにと伝えています。

744

あなたが進む道に、スピリチュアルな要素が豊富にあることを天使が祝福しています。これまであなたが抱いてきた、自分は安全で健全なものを十分に持っているだろうかという懸念は、すべてなくなりました。チャンスの扉が開き、収入も増えます。

745

大天使ミカエルが、安心して本来の自分に戻れるようあなたを手助けしています。ためらわないでください。恐れている場合ではありません。本当の自分を祝う

べき時です。天使も一緒にあなたを祝福していて、あなたがみずからの深い部分で自分を受け入れたことを祝っています。

746

天使の知恵は、「モチベーションを高く保ち、前進し続けましょう」と励ましています。今は立ち止まる時ではなく、前に進むべき時です。自分のエゴで前進するのではなく、進むべき道をあなたの魂と天使に照らしてもらいましょう。

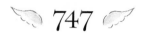

747

飛躍する時です。ですから羽を広げて、自由を感じるために必要なことは何でも表現しましょう。天使はあなたとともに空高く飛び、あなたがこれからつくり出す、さらに大きな未来の一部に加わりたいと思っています。

748

この時期、あなたは祝福を受け取っています。あなたは過去のさまざまなことを平穏な気持ちで受けとめられるようになり、その高貴な態度があなたの精神と創造の道筋の波動を上げて、さらに上昇に近づけることでしょう。

749

天使の知恵は、信じる心を飛躍的に深めるようすすめています。学びのチャンスが訪れ、自分の意思で進めば、さらに本来の自分とつながることができると信じましょう。

700
-
799

750

神はあなたの祈りに応え、あなたの望みと必要なものは確保されました。もはや求める必要はありません。ただ、やってくるのを待って受け取るだけです。

751

今、あなたの目の前にある教訓は、みずからがもたらしたものです。天使の知恵は、「あなたがこの先へと精神的に前進する道筋の邪魔となっている障害と、必要な答えを照らせるよう、自分を大事にし、自分を受け入れる段階に入りましょう」と告げています。

752

人生において人間関係は、重要な学びの場です。胸に抱えた重荷を下ろすときに愛を持って語れば、その言葉は聞き届けられます。天使に助けを求めましょう。

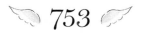

753

この時期あなたは古くなってしまった教訓と宿命から解放されます。自分に起こったこと、他人に起こったことを乗り越えましょう。自分の道をつくり出す時期です。ポジティブなエネルギーや経験を受け入れる余裕を持ちましょう。

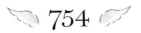

754

あなたの旅に神の秩序を受け入れるための変化を起こすよう、天使に励まされています。今、自分が正しいと思うことを実行しましょう。重要な教訓がその中に含まれています。

755

星々へつながる扉が開き、宇宙の入り口にたどり着くチャンスが訪れます。今、起きている変化は、あなたの意思と神の秩序に一致するものです。

756

天使の知恵は、自分が何を望むかを考え、視野を広げることを求めています。最高の結果を期待し、自分の意志に集中すれば、しっかり実現するでしょう。

757

人生をきちんと生きている結果として、あなたの意識
は成長し、どんどん広がっています。あなたの魂もま
た、成長し続け、自分がすべてのものとつながってい
ることや、目の前で起こっていることの中にある教訓
を理解し始めました。

758

あなたは今ここに、真実の道を歩むために存在してい
ます。力強く立ち上がる時期です。自分の目的にきち
んと集中していれば、助けが得られます。迫害された
ことなど古い経験についての恐怖心を捨て、真実を語
りましょう。そうすれば前進のチャンスに向けた道が
開かれるでしょう。

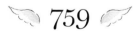

759

聖なる錬金術。あなたは鉛を黄金に変えるようなエネ
ルギーを持っています。ここから先は、力をたくわえ

てポジティブな気持ちで、今まで経験してきた道のさ
らに先へと突き進みます。

760

神はあなたに、天使に尋ねることを少し控えるように
と告げています。今は、これまでの自分の行動を静か
に注意深く振り返る時期です。真実と調和して、周囲
のことを考慮し、すべてがあなたの決意とつながって
いることを確認しましょう。

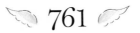

761

あなたの天使は、次のステップに進む前に、自分自身
に注意を向けるよう、あなたを励ましています。この
先、幸せな道筋を生き生きと進めるでしょう。その前
にまずは自分自身に正直になりましょう。

762

あなたが人生において懸命に努力し、心を砕いてきた

ことは天国に届いています。あなたが人生で犠牲にしてきたことも含めて感謝されています。さあ、今度はあなたの希望と夢が叶えられる番です。

763

あなたにはみずからの命の力が満ちています。情熱を語るうちに湧き上がってくる性的なエネルギーは心配に及びません。性的なエネルギーは、あなたの中の創造力に火がついたしるしです。

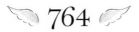

764

天使たちはこの時期、あなたに自分のオーラとチャクラ（体の中心線上にある7つのエネルギーの出入り口）にエネルギーを充電して回復する時間をつくるようにすすめています。あなたはエネルギーが枯渇していると感じているかもしれませんが、落ち込んだり、後戻りしたりしないでください。次の素敵な道筋へと前進する前に、エネルギーを回復する時間を持ちましょう。

765

あなたの経済状況と安心感が、天使によってアップグレードされています。豊かさを経験できる素晴らしいニュースが入ってくるのに備えましょう。

766

天使とアセンデッド・マスター（天界にいる高貴な魂を持つ人々）があなたに、これまでになく光り輝くようすすめています。持って生まれた輝かせるべき光をさえぎるようなものは、誰も何も許してはなりません。あなたには今、内なる導きが湧き上がってきています。耳を傾けましょう。

767

今はただ信じて生き延びることが大切です。あなたの才能が外に向かって表現され、あなたの周りを飛び交う天使はあなたの輝ける能力に感心しています。最も重要なのは、教えることにも学びがある、ということ

であり、自分の知識を人々と分かち合う時です。

768

天使たちはあなたに、「心を開いて新しい可能性に目を向けるように」とすすめています。幸せと光を目指す道はいくつもあります。この時期あなたに、癒しと助けとなる情報が明かされます。視野を広げましょう。

769

情熱を燃やすために、感情とつながりましょう。自分の中の野性と、抑圧されていない部分を解放すると、力がみなぎるでしょう。本来の自分をすべて思い出す時です。

770

神が「イエス」と言っています。前に進みましょう。行動に移しましょう。

771

奇跡が起こるだけの余裕を持って、正直に自分が本当
に欲しいものかどうかを確かめる時です。今必要なの
は、あなたの明快さだけです。

772

人間関係には、全身でぶつかりましょう。今は集中し
て心を開きましょう。人間関係には、与えることと受
け取ることが生じます。あなたの天使たちは、気を散
らすことなく、人生における意味ある経験に心を寄せ
ましょう、と告げています。

773

今、あなたが直面している障害は、自分の心から生ま
れた恐怖や心配です。正直になって、恐れることなく
自分の力や光を勇敢にコントロールしましょう。戦闘
モードに入ります。

774

あなたの天使は、人生における優先順位を意識してほしいと思っています。古い皮を脱ぎ捨て、あなたの光と魂のエネルギーを削いでしまうようなものは捨て去りましょう。

775

方向を示してくれる天使があなたを囲み、この先あなたが進む道に意義をもたらす手助けをしています。前進できるよう、あなた自身に集中してほしいと彼らは思っています。集中して、導きに心を開きましょう。

776

天使はあなたに、もう少し我慢強くなってほしいと思っています。また、長い間ずっと待ちわびていた奇跡が、もうすぐ起こりそうだとも伝えています。呼吸をしましょう。

777

あなたの魔法と実現力が、この時期パワーアップします。内なる力を解放して、世界に魔法をかけましょう。

 # 778

天使たちはあなたに、現状の先にあるものを見越し、すべてのことに目的があると信じてほしいと思っています。すべては、あなたが女神と真実とともにあるために必要だから起こることだと覚えておいてください。

 # 779

愛の天使たちが、この時期あなたを取り囲み、心を開くよう導いています。今はあなたにとって、愛し、愛される時期です。愛し、愛されましょう！

 # 780

今のあなたの人生と教訓は、あなたの家族に由来しま

す。家族の問題で心配したり傷ついたりする経験は、あなたに昔から繰り返されてきた因縁を解消するために起こっているのです。神はあなたに、それを思い出してほしいと思っています。

781

天使の知恵は、「あなたが人生でやってきたことを思い返すように」と伝えています。今、あなたが経験していることは、あなたがいなければ生じなかったことでしょう。あなたが光を放ち、その才能を世の中に活かすことが重要です。

782

現在の人とのつながりや関係は、あなたにとって価値ある経験です。次のステップに進む時です。その経験は、あなたの深い部分に愛をもたらすものとなるでしょう。

783

あなたの欠点は、実は欠点などではありません。辛いことやチャレンジを乗り越える能力が自分にあることを認識できるチャンスです。あなたの光と回復力が、これまでになく強く輝くことになるでしょう。

784

あなたの天使たちは、自分がどの方向に進んでいるかをわかってほしいと思っています。時が来れば、すべてが明らかになります。創造力と才能を発揮し続けましょう。

785

天使の知恵は、「あなたは愛にあふれて楽しく生きるために生まれてきたことを忘れないように」と告げています。時間をつくってじっくりと、楽しめなくなっていることを取り除き、自分に幸せをもたらすものだけに目を向けましょう。

786

天使はあなたに「ノー」という言葉の力を知らせています。エネルギーを削ぎ、ものごとを難しくしてしまうことに「ノー」と言うたび、奇跡が起こる余地が広がります。

787

あなたのエネルギーは、あなたが変化を起こし、地球を癒やす役割を果たせるほど格上げされています。宇宙はあなたとその才能を必要としていて、前進する準備ができているあなたに感謝をしています。

788

この時期に起こるシンクロニシティー（意味のある偶然の一致）は、あなたの心のパワーが引き寄せたものです。あなたにはどんなことも可能です。心の奥深くに潜む望みに気づけば、それがあなたの成長に役立つことならばすぐに実現するでしょう。

789

重要な、スピリチュアルな変化があなたの周りで起こり始めています。今はあなたが抱えてきた恐怖心や復讐心を完全に乗り越える時期です。悔しがるのもいいですが、後悔するかどうかは、あなたがどれだけ強く自分の暗い影を乗り越えようと望んでいるかということ次第でしょう。

790

この時期、あなたの内にある強さが発揮され始めます。神があなたを支え、手伝ってくれていることを忘れずに進み、ホールネス（ひとつであること）の状態に戻りましょう。あなたが求める強さはすべて、あなたの内なる天国にあります。

700
｜
799

791

あなたの人生は、聖なる計画と一致し始めています。すべては必要に応じて明かされると信じましょう。

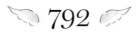

792

あなたは立ち上がって、内なる力を発揮するよう求められています。宇宙は上昇するためのいくつかの段階をあなたに示しています。自分に与えられたものを信じて進みましょう。

793

あなたのゴールと願望を達成するには、もう少し時間と我慢とエネルギー、そして実現させるという決意が必要です。もっと祈りや瞑想の時間を持ち、スピリチュアルな領域とつながれば、必ず飛躍できます。

794

今、あなたが受け取っているサインやメッセージは、天使が優しく自分たちの存在を知らせるためのものです。あなたはひとりではありません。

795

あなたには次のステップに向けて、力強い見識が与えられています。宇宙は、あなたにとって最善のものを迎え入れるのに必要なことをきちんと知っています。

796

あなたの天使は、「一歩ずつ進むように」と告げています。次の一歩を踏み出す前に、自然とつながってエネルギーを補充し、新鮮な空気の中で呼吸をしましょう。

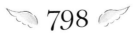

797

この時期、自分の中から湧き上がってくる感情を信じましょう。

798

あなたは今、自分が正しい道で正しいことをしている

かどうか悩んでいませんか？　そのままではエゴに縛られてしまうので、心配はすべてなくしましょう。あなたは光とともに目的を持って生きています。そして天使はあなたに感謝しています。

 **799**

自分がスピリット（霊）とつながっていることを忘れずに。この時期、スピリット（霊）とのつながりが強まっています。

# 800

あなたは目的のある人生を歩むように求められています。神はあなたの人生に大きな役割を果たしたいと思っています。次のステップに進みたいと思うなら、自分の意志を明確に持ちましょう。次のステップが示されます。

801

天使の導きが、「自分の進む道筋に集中し、他人の心配はしないように」とあなたに告げています。

802

時間をとって、あなたが人間関係にどのくらい真剣なのかを振り返れば、あなたの道は明確になります。

803

最近あなたが経験したことは、とても重要で、あなた

の精神的向上の助けにもなります。

804

天使は、あなたが世界に向かって発揮できる最大の才能は、すすんで本当の自分をありのまま表現することだと励ましています。

805

あなたのもろい部分もあなたのためになります。神と天使の存在を信じ、あなたの進むべき道はきちんと用意されていると信じましょう。

806

自分の進む道筋をさらに一段上昇させたいなら、マインドフルネスの状態に入り、注意深く振り返って本当の自分につながってみましょう。そっとつながることがカギです。

807

あなたが喜びでわくわくしていると、不思議とあなたの日常に奇跡が起こります。奇跡を心を込めて抱きしめましょう。

808

あなたは今、強い立場にいます。すべては秩序通りですから、自分の進む道筋に集中しましょう。

809

あなたの旅の価値は、どれほど先に進んだかだけでなく、どれほど本当の自分とつながることができたかにあります。よく自分自身のために時間をかけ、努力しましたね。

810

神は、あなたが進むべき道をたどりながら、あなたと

273

つながり、目的を持つことができるよう、つねにサポートしています。

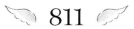

811

道は開かれました。夢の実現に必要なものはすべてそろい、現実となります。

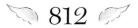

812

この時期に体験していることは、あなたが人間関係の中で傷ついたことがまだ癒えていないことによるものです。無駄な苦労をしないためには、ここから先に進む前に、この事実に向き合わなくてはなりません。

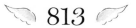

813

本当の自分を表現しましょう。自分の喜びや、あなたが光り輝けることを外に向けて表しましょう。そうすれば、宇宙があなたを支えてくれます。

814

ここから先のあなたの旅では、天使がより大きな役割を果たしてくれます。天使の光を世界中で分かち合うには、より高い目標が伴うことを忘れずに。

815

この時期、天使たちは新たな始まりの機会をあなたと分かち合っています。あなたにはつねに選択肢があり、その中からあなたに語りかけてくるような道筋を選ぶことを忘れないように。

816

この時期は平和的な行動をとるようにと告げられています。この先に進む前に、現状を第三者の視点で冷静に見つめましょう。そこには学ぶべきものがあります。

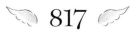

817

あなたに、もっと高い目標につながるような経験や機会がもたらされます。自分の偉大さと、自分が祝福されていることを感じられるよう準備をしましょう。

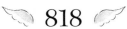

818

天使の導きは、「これから先へと進む前に、自分が今どの段階にいたいと思っているのか、心を開いて見つめるように」とすすめています。

819

天使の導きは、「何かを決断する前に、あなたにとって楽しめることは何なのかを自分に問いかけてください」と言っています。

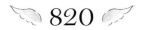

820

あなたが前進できるかどうかは、あなたが神の計画を

どれほど信じられるかにかかっています。自分の中の邪魔になるような些細なことは切り捨てましょう。

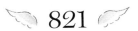

821

あなたが光の道をたどれるような思考と意図を明確にできるよう、旅をしたり夢を見たりするように導かれています。

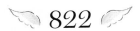

822

あなたは、周囲の人々の世界を光で照らす場所にいます。その光はあなたの中にあり、どんどん広がることを忘れないようにしましょう。今日は友人をはじめ、どんな人間関係でも自分らしさを取り戻しながらつきあいましょう。

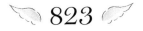

823

状況は解決に向けて動き出しました。天使とアセンデッド・マスター（天界にいる高貴な魂を持つ人々）があ

なたをより高い目標へと導いています。

 **824**

あなたの天使たちはあなたの現状を調和の光で照らし
ています。平和と平穏が訪れる時は近づいています。

 825

あなたの天使たちは、あなたのエネルギーを削ぐよう
な過去の感情を、あなたがすすんで捨ててきたことを
喜んでいます。あなたが進む道に、もう障害はありま
せん。

 826

愛する人と、心の深い部分までつながる時間をつくり
ましょう。そうすれば、あなたは自分の光を再び輝か
せることができます。あなたには大切にされる価値が
あります。

827

あなたが受け取っているサインは、自分が正しい道を確実に歩んでいて、神があなたの旅を支えているというメッセージです。信じましょう。

828

あなたの天使は、あなたが私生活と仕事で成し遂げたすべてのことを祝して踊っています。これからやって来る忙しい日々に向けてしばらく休みましょう。

829

あなたの旅の次の一歩には、女性聖人、神々、過去のマスターたちからの声やメッセージが必要です。彼らは今、あなたとともにいます。彼らの声を世界に届けましょう。

830

あなたの経験にはすべて理由があります。天使の導き
はあなたに、自分の力、目的、歩む道を信じるよう告
げています。あなたは世界で重要な役割を果たしてい
るのです。

831

アセンデッド・マスター（天界にいる高貴な魂を持つ人々）
があなたに、彼ら全員と波動を合わせてつながるよう
に求めています。というのも、あなたに気づきと理解
が深まるような情報を送っているからです。

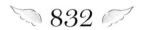

832

あなたは「本来の自分とつながる時間をとって、神の
計画とつながるようにしてください」と告げられていま
す。

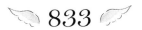

833

キリストは、あなたとともにあり、あなたを導いていることを知ってほしいと思っています。あなたは自分の内に光を持ち、これから直面するであろう、あらゆる闇に立ち向かうことができるのです。

834

あなたの天使たちは、あなたの成長のための旅の道中、あなたのためになることを与え、守ってくれています。

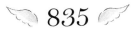

835

変化を大切に。起こっている変化はすべて聖なる法則に従っているのです。

836

あなたの天使は、「笑ったり幸せを感じたりする余裕を持つように」とあなたに伝えています。これまであ

なたが集中してきた深刻な問題のエネルギーを解放しましょう。そうしなければ、あなたの光と才能が台無しになってしまいます。

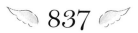

837

あなたが祈り、心の中で続けてきたことが今、経験となってあなたのもとにやってきました。宇宙はあなたに向かって可能な限り良い結果を送り出しています。

838

あなたが経験していることは、過去の人生あるいは今の人生で起こったことを反映しています。心を開いて、これまで繰り返されてきたことや心の傷は癒やされると思いましょう。

839

聖なる存在からの介入を受けられるよう、聖女とひとつになって、心を開きましょう。

840

あなたが次にどこに進むのか、すべてひとりで考える
必要はありません。神やあなたの天使が、喜びと成長
の道へと導いてくれるでしょう。

841

この時期は、自分の才能を思い出し、確認することが
大切です。あなたが本当の自分を思い出せたとき、こ
の先のあなたが進む道が整えられることでしょう。

842

時間をかけて、あなたの愛する人たちの才能を観察し
ましょう。彼らにはこの時期、あなたの光とポジティ
ブな気持ちが必要なのです。

843

あなたの天使たちは、魂の目でものごとを見るように

あなたにすすめています。あなたの人生には、驚くべきことやチャンス、さまざまな経験、真実があふれていることを確認しましょう。

844

あなたの天使たちは今、あなたに、介入して導く許可を求めています。次の段階に進む準備ができたら、天使に助けを求めましょう。

845

大天使ミカエルがそばにいて、安全に優しく、あなたの人生にあるネガティブなことや障害を取り除く助けとなる準備を整えています。すぐに大天使ミカエルを召喚しましょう。

846

あなたの天使はあなたに、自分の身体とエネルギーに気を配るようにと告げています。自分で気づくことが

自己評価を高め、それらとつながることができるかどうかのカギとなります。

847

あなたが現在、経験していることは、過去の行動や気持ちによって引き起こされています。天使の導きは、これまでの自分や、自分の才能に対して皮肉な見方をせず、喜びが湧き上がるような経験をしてほしいと告げています。

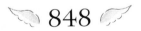

848

あなたの現在の目的は、成長し拡大することです。これまで歩んできた道のりのすべては、天界からの助けがあってこそのものでした。あなたは正しいことを行っているのです。

849

あなたの天使たちは、「過去に抱いた感情や心の中に

引っかかったままの感覚とつながってください」とあなたを励ましています。それができれば、進むべき道が、はっきり見えてくるでしょう。

850

この時期、あなたの歩む旅は、スピリチュアルな豊かさの法則によって急加速します。奇跡のような瞬間に向けて準備をしてください。

851

あなたの成功への道は、自分の才能を思い出し、必要なものはすべて自分の中にある、と信じられたときに難なく開くでしょう。

852

あなたは今、人間関係や会話に難しさを感じているかもしれませんが、成長してもっと楽しく経験を重ねたいなら、抱えている問題を解決することが不可欠です。

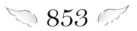

853

宇宙はあなたに、聖なる計画を信じるよう求めています。あなたの旅で起こることは、つねに最善と真実のためだと信じましょう。

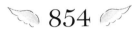

854

信じてまかせるようになればなるほど、あなたの心の中に喜びが入り込む余裕が出てくるでしょう。さあ、信じる気持ちを持ちましょう。

855

あなたはスピリチュアルな経験の中で豊かさを受け取り、経済的にも豊かになれる新しい道を切り開くチャンスが急速に訪れるでしょう。

856

「先を見るのをやめ、今この瞬間の風景を楽しむよう

に」と導かれています。天使は今、あなたとともにいます。あなたの天使とつながりましょう。

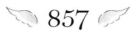

857

あなたは、自分の心と感情の力を思い出すように導かれています。あなたが注目し、信じているものが、あなたの人生にもたらされるでしょう。

858

あなたは今、自分が集中したことがすべて急速に実現する渦の中にいます。あなたの天使たちは、「ポジティブな経験をするには、自分の本来の目的と天使たちの存在を思い出してください」と告げています。

859

この時期、あなたは精神的に成長しています。経験を重ねて、あなたの旅の助けとなる、未来を予測するビジョンが得られる第三の目が開きかけています。

860

あなたは神の光と愛に支えられています。

 # 861

あなたのエネルギーと健康は、最も大切な財産です。
この時期、天使の知恵は、「必要なものはすべて自分
で手に入れられる」とあなたを励ましています。

 # 862

人間関係で次の段階に進みたければ、勇気を持つこと
です。あなたの決意、弱さ、喜んで心を開くことがす
べて、あなたにふさわしい愛を経験する助けとなるで
しょう。

 # 863

天使はあなたを元気づけ、新しい愛の感覚を世界にも
たらすチャンスを引き寄せています。この瞬間をつか

み取って、前進しましょう。

864

あなたの天使は、聖なる導きがやってくるのを待つように すすめています。あなたにはそのような知恵を受ける価値があることを覚えておいてください。

865

天使は、あなたの経済的、物質的な安定に関する問題が最悪の状態を脱したことを、知らせようとしています。天は、あなたがいつでも豊かさに向かって進むよう助けてくれていることを忘れないように。

866

あなたは自分の目標をはっきりさせるのに役立つことを楽しんでいます。天使の知恵は、あなたが元の道筋に戻り、人生に不必要な出来事を引き起こした状況から抜け出すよう励ましています。

867

あなたは奇跡的な瞬間を体験しています。この時期、愛とつながって、自分が行っていることすべてに全身全霊で取り組みましょう。あなたの決意と熱意は伝わり、ポジティブな結果が出るよう天が助けてくれています。

868

あなたの道筋にあった山のような出来事も谷のような出来事も、今、きれいにならされました。今は静かに旅を続けながら、完全な状態を楽しむ時期です。あなたの天使は、あなたが成し遂げたホールネス（ひとつであること）を重要だと思うようにと伝えています。

800
-
899

869

あなたが進む道筋では、自分の心や魂の奥深くまでさらけだしても安全です。内なるものを解放すれば、奇跡と癒しが生まれる可能性があることを知りましょう。

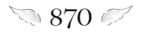

870

神は、あなたが満ち足り、喜びに満ちた人生を実現するために必要なものを得られるよう、助けてくれています。

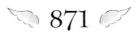

871

あなたの天使たちは、視点を自分自身に向けるようにと伝えています。自分の成長に集中していれば、自分が決断したことをポジティブな意味で経験できることでしょう。

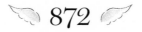

872

あなたの人間関係や他人とのつながりが、パートナーシップ、友情、共同作業のチャンスへとつながっていくことでしょう。あなたの旅の次の局面では、あなたと同じくらい賢くて才能がある人とともに働く経験をすることになるでしょう。

873

天使の知恵は、「自分自身や今やっていることから気
をそらすことのないように」と告げています。一歩引
いて、あなたの中にある魔法の力を思い出しましょう。

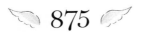

874

天使はあなたの周りを優しい歌を歌いながら飛び回っ
ています。あなたは祝福され、まもなくあなたの求め
たものが現れます。今度はあなたが祝福する番です。

875

不思議と祝福のエネルギーがあなたの人生に満ちあふ
れています。これまで以上にポジティブで優しいまな
ざしで前に進んでください。あなたはまさに今、新し
い局面の始まりにいます。

876

天使の知恵は、あなたがこの時期に直面している困難
は、自分の持つ本来の力を取り戻し、心全体でそれを
受けとめるチャンスなのだと告げています。あなたは
その力をつけたのだとも伝えています。

877

天使の祝福があなたを取り囲み、あなたに天使のエネ
ルギーを与えています。心、頭、目を開いて、彼らの
不思議を体験しましょう。

878

天使の知恵が、あなたの意図、思考、行動、真実と高
潔さを自分のエネルギーと一致させ続けるよう励まし
ています。あなたの本来の目的や価値観に焦点を絞れ
ば、必要な答えが明かされるでしょう。

879

あなたの天使の導きが、本来の自分に戻るための時間
をつくり、精神的、感情的に健全な状態に戻るように、
と言っています。

880

神はあなたとともに、あなたの中にいます。あなたの
進む道は、あなたのために開かれて輝いています。

881

この先へ進む前に、これまでどんなふうにたどってき
たのか、過去を見直すことをすすめられています。今
は我慢の時です。

882

あなたの旅は、周りの人を元気にするものであるはず
です。天使の知恵は、「これまで支えてくれた人たち

に愛と感謝を伝えるように」と告げています。

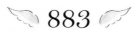

883

懸命に祈る時間をとりましょう。そうすればあなたの
魂が成長し、この先で経験する感覚を受け取る助けに
なります。自分が内なる神と天使につながっているこ
とを軽んじてはいけません。

884

自由の天使があなたを囲み、恐怖や不安を感じること
なく前進するのを助けてくれています。あなたは新し
い自信と信頼を手にする段階に入りました。

885

あなたの天使は、時間をかけて情報を集め、変化を起
こす前に取りうる選択を熟考するようにすすめていま
す。注意深く、飛び込む前に必要なものをそろえまし
ょう。

886

あなたがたどる道筋には愛があふれています。すべて
の人々に真実を伝え、正しい行いをすることに集中し
ていれば、あなたの力はつねに聖なる計画に従えます。

887

天使が今、これからの道筋をきれいに整えてくれてい
るので、これまで抱えていた心配事に悩む必要はあり
ません。前に進みましょう。

888

あなたの人生の目的と願望は一致しています。あなた
は正しいことを行っていて、光の道筋にいるのです。

889

あなたはライトワーカー (地上の人々を助ける仕事をする
人) として生まれました。時間をとって、自分が世界

にもたらすはずの光と再びつながってください。

890

神が、あなたが持つスピリチュアルな才能を発揮できるように助けてくれています。

891

あなたの次の旅への一歩は、本当の自分とつながることです。時間をかけて自分とつながりましょう。

892

自分が必要なものに心を配り、人間関係でどれだけ正直でいられるかが大事です。自分自身へのケアを忘れずに。

893

あなたがこれから進む道は、その道にあるものにもま

た影響を受けます。自分を知ることにもっと心を配り、そこにエネルギーを注げば注ぐほど、道中が光り続けるでしょう。

894

あなたの天使は、「もっと頻繁に天使とつながる時間をとり、メッセージに心を開いてください」と告げています。あなたには天とつながる才能があるのです。

895

宇宙はつねにあなたの意志や聖なる計画に応じて必要なものを届けています。それを変えることはできません。

896

最近やってきた直観やアイディアを時間をかけて吟味してください。それらは、あなたの魂から伝えられたものです。

897

あなたは今、何でも黄金に変えてしまう能力に目覚めています。あなたが触れるもの、注目するものはすべて黄金に変わります。

898

今は、あなたの祈りが届き、実現する時期です。だからこそ、より高い望みや夢、願望を持ちましょう。

899

あなたの内なるブッダにふれることができます。その偉大な師の感覚、世界へ愛のメッセージを広めましょう。

900

神は、あなたが進んできたスピリチュアルな道をほめ
たたえています。

901

神は、あなたが自分を大事にし、自分にふさわしい信
頼を得たことを喜んでいます。

902

神は、あなたと家族、人間関係を、すべて聖なる愛で
祝福しています。

903

神は、あなたの心に天使がいることを知ってほしいと
思い、あなたの魂の成長を促しています。

904

天使とあなたの魂のエネルギーが一致しています。この時期、心に伝わってくるメッセージは神から直接送られるものであることを知りましょう。

905

今あなたに起きている変化を大事にしましょう。それは天国から送られてきたものです。

906

時間をとって、信頼する気持ちを取り戻し、天に対する不安をかき消せば、奇跡が起こる準備が出来上がります。神を信じましょう。

907

探し求めていることへの答えは、すでにあなたの中にあります。自分の魂の知恵をないがしろにせず耳を傾

ければ、自分にとって何が必要なのかがわかってくる
でしょう。

908

あなたは自分の魂を輝かせる光で、自分が進む道を照
らすよう求められています。

909

あなたのクラウンチャクラ（頭頂部にあるエネルギーの出
入り口）は、神の愛を感じられるように開いています。

910

今、神と宇宙とあなたのエネルギーが一致しています。
輝きながらたくさん遊びましょう。そうすれば自分の
波動を高く保てます。

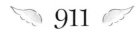

911

あなたは永遠の存在であり、過去、現在、未来のすべてに存在する生命とつながっています。この時期、そこから伝えられる知恵につながりましょう。

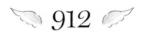

912

あなたが今、魂に対して取り組んでいることは、特に他人との関係を築くうえで癒しの効果があります。

913

この時期、魂から伝わってくるメッセージや情報を信じるようにと天使が告げています。

914

深く自分の内側を見つめるための日をつくり、時間をとって天使を近くに呼び寄せてください。天使はあなたのそばにいて、あなたの支えとなり、あなたの精神

的な成長をいつでも手助けしてくれます。

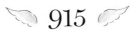

915

あなたが真実を信じると決めたことで、さらに喜びを感じられるようなチャンスの窓が開いていくでしょう。

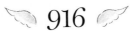

916

あなたの天使たちは、思考のアップグレードを求めています。ポジティブで調和のとれた心理状態を保てれば、飛躍的な成長につながるでしょう。

917

あなたの天使たちは、あなたのために新しい始まりとチャンスの扉を開けています。変化を大事にしましょう。

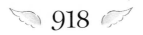

918

あなたはスピリチュアルなつながりを深くし、成長するように促されています。時間をとって、なりたい自分を見つめれば、もっと豊かでもっと魔法のような人生を歩めます。

919

この時期のあなたは、急速にスピリチュアルな成長を遂げています。暗闇はすべて消え去り、光がもたらされました。

920

ロマンスの天使があなたの人生に現れます。その聖なるつながりをうきうきして楽しみましょう。

921

調和の天使が周りを飛び交い、あなたの日々に浄化の

エネルギーと静けさをもたらしています。

922

あなたが歩む旅の次の局面は、自分を受け入れ続ける
ことで見事に展開します。天使の知恵は、「あなたに
必要な愛を受け入れてください」と告げています。

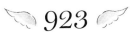

923

今のあなたには、天の王国からのサインが見えており、
天とつながり始めています。きちんとつながるカギは、
自分の中にある愛です。

924

天使と大天使があなたを囲んで、祝福を与えています。

925

天使の知恵は、「現状での最善の結果が出るように集

中し続けてください」とあなたに告げています。その
ためには、ポジティブな姿勢と祈りが必要です。

926

感じている変化を喜んで受け入れましょう。それらの
変化は白日夢ではなく、天使からの聖なる導きです。

927

あなたの祈りは聞き届けられ、祈りの答えは聖なるタ
イミングで降りてきます。

928

聖なる知恵と導きが今、あなたに入り込んできます。
あなたが耳にしていることは想像ではなく、天から送
られてきたメッセージです。

929

あなたは静かな空間に入りつつあります。自分をマインドフルネスの状態におき、大事にするチャンスです。

930

あなたには神から与えられた癒しの能力があります。そして、目標に向かって経験を積むために、その才能を世界中の人々と共有しましょう。

931

天使の知恵は、「自分を許す気持ちを持ってください」とあなたにすすめています。時間をかけて、抱いている不満を解放し、気高い自分で、神や天使とつながっている感覚を味わいましょう。

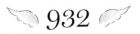

932

この時期、あなたの周りには、愛と人とのつながりに

あふれた感覚が満ちています。

933

キリストは、あなたの劇的な向上を助けるために一緒にいます。あなたは、あなたを引き戻していた過去の出来事を乗り越えました。あなたを縛っていた鎖は切れ、自由な感覚がついに訪れました。さあ、立ち上がりましょう。

934

あなたの才能と光があなたの内側からあらわれてきます。天使はあなたに、「前進して、本当の自分を外に表現しましょう」とすすめています。

935

あなたの天使たちは、変化が起こったときにそれを祝福するように告げています。すべては、あなたが自分の目的とつながっていられるよう、必要なときに完璧

な形で実現します。

936

自分の中に天使がいると信じて前に進みましょう。信じれば、あなたのたどる道や人生に奇跡のエネルギーが生まれます。

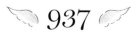

937

天使の知恵は、夢やビジョンを通じて伝えられるメッセージとつながるよう、あなたに求めています。力強いメッセージは、「あなたの意図したことが実現するのを手助けする」と明かしています。

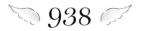

938

天使の知恵は、現在あなたが抱えている問題を乗り越えることで、過去世のカルマと恐怖心から解放されると励ましてくれています。カルマや恐怖心が永遠に消えてしまうよう、カルマの師を呼び寄せましょう。

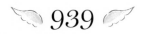

939

この時期、あなたは聖なる声とエネルギーに触れることができます。自分が聖なる愛の船であると自覚して、自分の身体を大事にすることが重要です。あなたは自分の魂を乗せて動く乗り物なのです。

940

この時期、神と天使は、あなたが自分を大切にしていることに感謝しています。

941

天使はあなたの声をつねに聞いているということを意識してくださいと、天使が告げています。あなたは決してひとりではありません。

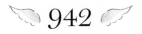

942

あなたは、あなたの守護天使と強く、深くつながって

います。自分に聞こえる声や経験していることを信頼
しましょう。

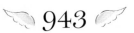

943

あなたは天使の支えと導きに囲まれています。

944

天使は、長い間あなたが失うか忘れ去るかしていた自
分の才能を取り戻す手助けをしています。超常的な洞
察やビジョンが次々と湧いてくるでしょう。

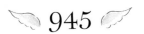

945

大天使は、あなたが深いところにある自分の魂と、魂
がなすべきことを思い出せるよう、あなたを守ってく
れています。

946

バランスをもたらす天使が、「あなたの人生は一貫していて、つねにつながっていることを確信してください」と告げています。エネルギーを失うような状況から抜け出し、自分の人生でできることに集中しましょう。

947

この時期、意志のエネルギーが重要となってきます。あなたの意志があなたの経験をつくり出します。ですからあなたの天使は、「自分の欲しいものと、この先どう生きていきたいのかを明確にしましょう」と励ましてくれています。

948

あなたは人生で進む道について力強い見識を経験し、受け入れています。必要な真理が今、あなたに明かされます。

949

聖霊は、あなたの心の中にある杯をあふれるほど満たしています。あなたには奇跡が起こるだけの価値があると信じましょう。

950

この時期に起こっている変化は神によるものです。もっと広い視野で見たことを信じましょう。

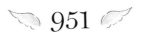

951

あなたは自分の心をコントロールすることを求められています。自分が望むものに集中し、視野を広く保ちましょう。

952

あなたは、進む道を邪魔する者に立ち向かうよう導かれています。そうすればあなたが夢に見た魔法の力が

明かされるからです。集中しましょう。

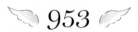

953

魂の成長には、恐怖に立ち向かうことが必要です。あなたは大きなスピリチュアルな変化を迎える時期にいます。自分には豊かさを経験できる才能があることを明らかにしましょう。

954

あなたの天使は、変化を経験する中で自分を大切にするようにと告げています。自分に優しくして、必要なときには自信を持ちましょう。

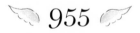

955

あなたは奥深い真実を見抜き、自分のスピリチュアルな部分を解放できるような大きな変化を迎えます。豊かさを体験できる才能を明らかにしましょう。

956

今、懸命に取り組んできたことが報われ、あなたが与えるもの、与え続けてきたもの、そして受け取るものが調和した感覚が戻ってきます。

957

自分の夢やビジョン、意志に従ってまっすぐに進みましょう。今までにないほど、それらが現実となるタイミングに近づいています。決意したことには対価が伴います。

958

あなたは最大の保護を受けていて、「たとえものごとが混乱していても、あなたは大丈夫だと知っておいてほしい」と告げられています。多少の乱気流もあるかもしれませんが、すべてはやがて順調な状態に戻ります。

959

あなたには行動が求められています。目的を持ち、それを世界に広めるように天があなたを励ましています。あなたが前例となって導くことができるのです。そのチャンスをつかみましょう。

960

神が、自覚してほしいと言っています。あなたが行っている自分の内側を見つめる作業のおかげで、過去にあなた自身や先祖に起こったことを原因とする障害が浄化されています。古い傷は癒やされました。

961

あなたの光が活動を始めました。全力で光り輝きましょう。そうすれば、あなたは最も高い次元のエネルギーにつながることができます。

962

自分が大事にしているすべての人やものについて、じっくり考え、この先どうしていきたいかを決めてからつながりを持ちましょう。あなたは、もっともっと重要な人になれるという導きがあります。

963

洞窟から出ましょう。あなたには世に広める重要な役割があるはずです。あなたの内なる使命感に身をまかせましょう。自分の中の、導かれる感覚に従いましょう。

964

あなたはこの時期、精神とのつながりが強くなります。あなたの天使は、直観を通じてメッセージを伝えているので、それに耳を傾けることが重要です。

965

この時期、物質的なものへの執着を捨てるようにと告げられています。というのも、人生に祝福をもたらす豊かなエネルギーをあなたが妨げているからです。すべてをまかせて、魔法が起こるのを待ちましょう。

966

気づきを広げるには、これまでになく自分に正直になることが重要です。

967

自分にとっての真実が、自分自身の師です。自分の信じることについて立ち上がって行動を起こしたとき、あなたは神や天使がさらに助けてくれていることを実感できるでしょう。

968

あなたの天使は、「あなたの繊細な部分を表現してください」と伝えています。あなたは今、これまでになく自分を受け入れられる状態です。自分の長所が他人の目にふれ、受け入れられることが大切です。

969

あなたのエネルギーが黄金に輝いて、聖なる錬金術師や魔法使いのようなエネルギーと調和しているので、あなたの魂はこの時期、パワフルな変化を経験できるチャンスをつくり出しています。

970

あなたの人生の次の局面では、自分を大切にし、受け入れる感覚が必要だと神が告げています。

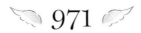

971

聖なる導きが、「愛をもとに考えてください」とあな
たを励ましています。自分の聖なる価値を思い出しま
しょう。愛こそ、あなたが保ち、共有し、経験するべ
きものです。

972

時間をつくって、今の自分にとって大事なものは何な
のかを見つめましょう。自分の繊細さを大事にし、弱
さをコントロールできるようになれば、他人を助ける
こともできるようになるでしょう。

973

天使とアセンデッド・マスター（天界にいる高貴な魂を
持つ人々）が、あなたの周りに黄金の光り輝く知恵を
授けてくれています。あなたは自分が探し求めている
答えが自分の中にあることに気づくよう導かれている
のです。

974

天使はあなたに、「ひとつの局面が終わったことを知り、次の段階に導かれていることを信じてください」と告げて、励ましています。昔から抱き続けたことが幻想だとはっきりし、解放される時が来ました。

975

天の力を信じましょう。天使はあなたのそばにいます。

976

「宇宙は味方であり、あなた自身の中にあることを思い出すように」と告げられています。あなたがそれを思い出すほど、愛に満ちた空間で、守護の役割を果たす者たちが守ってくれます。

977

現在、あなたの人生には、力と魔法が入り込んできて

います。必要な奇跡を呼び込み、すぐにそれを受け入れる準備をしましょう。

978

自分自身にとってのルールや正しさが、この時期はっきりしてきます。一歩ずつ進みましょう。幸せが待っています。

979

あなたが力と光の空間に入ることを阻んできたこれまでのつながりや、宿命となってきた執着心を捨てる時が来ています。

980

神が道を示しています。あなたのたどる道には、つねに愛があることを忘れないように。

981

あなたは自分の持つ力と光を再発見しています。おかえりなさい、本当の自分に。

982

あなたはこの時期、人間関係において、調和と平穏を経験しています。これまで抱えていた心配事や困難はすべて流れ去り、代わりに愛と許容がもたらされます。

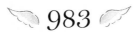

983

地球のエネルギーとつながりましょう。あなたがたどる旅の次の局面では、地に足をつけていることが必要です。

984

あなたの天使たちは、「声に出して心で感じている真実を人に伝えてください」と励ましています。自分に

正直に。これが他人に受け入れられるためには必要です。

985

あなたのいる現状に、審判と神の秩序がもたらされます。天使は、「皆にとって正しいことをしてください」と伝えています。

986

あなたは、もっと高度なことが学べる空間にいます。現在経験していることは、とても強い教えなのだと認識しましょう。

987

天使の導きは、あなたが豊かさと魔法を経験するには、冷静になって、すべては適切な順番で明らかにされていくと信じるよう求めています。

988

あなたの天使たちは、自分の人生の重要性と力を低く
見積もらないようにと告げています。あなたには人々
と共有すべき特別なものがあるのです。

989

あなたは今、とても重要な何かに近づいています。障
害は消え去り、苦労から解放され、次の局面へと移行
していくのです。

990

あなたは、光と愛の道を歩んでいます。神は、「あな
たには責められたりすべきことはなく、つねに愛され、
許され、励まされていることを忘れないように」と告
げています。

991

天と再びつながりましょう。時間をとって祈りを捧げ、よく考えましょう。求めれば与えられます。

992

天界はあなたの人間関係にも存在します。恐怖心を抱くことはなくなり、これまでのさまざまな苦労が今、消え去ります。

993

聖なる存在からの介入が起こっています。あなたは幸せと目標に向かって導かれています。

994

天使は、あなたが解放され、聖なる洞察とつながることを手助けしています。愛と許容のまなざしで、世界を見回してみましょう。

995

宇宙はあなたが立ち上がるために必要なことを知っています。あなたは上昇を経験し続け、もはや暗闇から抜け出しました。

996

インスピレーションと愛が、波のようにあなたを通して広がっています。その高貴な才能を世の中に広めましょう。

997

あなたの人生は目的に向かって、さらに高みを目指しています。これまでやってきたことはすべて偶然ではありません。さあ、本当の自分という魔法のような存在を体験しましょう。

998

成長し、癒やされたいと願ったことが実現しました。
変化した自分を楽しみましょう。

999

聖母マリアは、あなたが「すべてとひとつ」という感
覚に戻る手助けをしています。おかえりなさい、心の
故郷に。

おわりに

　地球を囲むたくさんの天使たちのことを忘れないように
してください。あなたには守護天使がつねに1人か2人つ
いています。あなたはその天使たちの目的でもあるのです。

　天使たちはあなたが安心して導かれ、守られることを何
より望んでいます。天使は自分たちがそばにいることをあ
らゆる手段を使ってあなたに伝え、奇跡を起こして助けて
くれています。あなたとともに天使がいるのは、あなたが
愛の存在であり、愛を経験する価値のある存在だからです。

　数字からどんなメッセージを受け取ったとしても、いつ
もあなたのそばには天使がいて、いつでもあなたを助けて
くれ、自由と愛の世界へと導いてくれています。天使は祈
りに応じてくれます。あなたの祈りが届かないことなどあ
りません。

　天使があなたの旅を、安全に守り続けてくれることを願
います。

[著者]
カイル・グレイ（Kyle Gray）

イギリスで人気のスピリチュアル・メッセンジャー。幼少時の亡き祖母との会話をきっかけに「向こうの世界」とのつながりに関心を持ち、15歳で天使体験をして現在に至る。イギリスでトークショー番組やBBCラジオなどに出演して、世界中の人々に天使のメッセージを届けている。
著書には『「聖なる力」が目覚める本』（サンマーク出版）など多数がある。

[訳者]
島津公美（しまづ・くみ）

大学卒業後、公立高校の英語教諭として17年間勤務。イギリス留学を経て退職後、テンプル大学大学院教育学指導法修士課程修了。訳書に『思考のパワー』『エイブラハムの教えビギニング』『思考が物質に変わる時』（いずれもダイヤモンド社）などがある。

天使のサイン　エンジェル・ナンバー
──数字に秘められた幸運のメッセージ

2021年11月30日　第1刷発行

著　者──カイル・グレイ
訳　者──島津公美
発行所──ダイヤモンド社
　　　　　〒150-8409　東京都渋谷区神宮前6-12-17
　　　　　https://www.diamond.co.jp/
　　　　　電話／03·5778·7233（編集）　03·5778·7240（販売）

装幀────斉藤よしのぶ
本文デザイン─浦郷和美
本文イラスト─植松しんこ
編集協力───佐藤悠美子
校正────三森由紀子　鷗来堂
DTP製作───伏田光宏（F's factory）
製作進行───ダイヤモンド・グラフィック社
印刷────新藤慶昌堂
製本────ブックアート
編集担当───酒巻良江

そうか！ これが思考を現実化するコツ。
ベストセラー『引き寄せの法則』の原点！

願望をかなえ、充実した人生を送る秘訣、人生を好転させる流れに乗るコツが見つかります。お金、健康、愛情、人間関係…人生を切り拓く自信とやる気がわいてきます。

新訳 願えば、かなうエイブラハムの教え
引き寄せパワーを高める 22 の実践
エスター・ヒックス＋ジェリー・ヒックス［著］

秋川一穂［訳］

四六判並製●定価（本体 1800 円＋税）